LOCUS

LOCUS

Smile, please

smile 214
同理心的創造力
療癒敏感自我、人際關係與世界的實用技巧
作者：茱迪斯・歐洛芙（Judith Orloff, MD）
前言：達賴喇嘛尊者
譯者：許恬寧
責任編輯：潘乃慧
封面設計：廖韡
校對：聞若婷
出版者：大塊文化出版股份有限公司
www.locuspublishing.com
台北市 105022 南京東路四段 25 號 11 樓
讀者服務專線：0800-006689
TEL：(02) 87123898　FAX：(02)87123897
郵撥帳號：18955675
戶名：大塊文化出版股份有限公司
法律顧問：董安丹律師、顧慕堯律師

總經銷：大和書報圖書股份有限公司
地址：新北市新莊區五工五路 2 號
TEL：(02) 89902588　FAX：(02) 22901658

初版一刷：2025 年 8 月
定價：新台幣 400 元
Printed in Taiwan

同理心的創造力

The Genius of Empathy

Practical Skills to Heal Your Sensitive Self, Your Relationships, and the World

Judith Orloff, MD
茱迪斯．歐洛芙——著　許恬寧——譯

療癒敏感自我、
人際關係與世界的實用技巧

本書獻給教導我的王老仙師

是非對錯的概念之外，
有一片曠野，
我在那裡與你相會。

——詩人魯米（Rumi，英文由科爾曼・巴克斯〔Coleman Barks〕翻譯）

目次

目次

前言

達賴喇嘛尊者

同理心是人類最美好的特質。我們所有人活著都希望獲得幸福，戰勝痛苦。當我們深深意識到這個人類存在的基本真實面貌，就會對同胞產生同理心與親切感。另一方面，慈悲不僅僅是替某個人感到難過。我們發揮慈悲心的時候，除了感受到別人的痛苦，還動念希望做點什麼，進而帶來勇氣與內在的力量。

先前我們還以為，即便是同理心等正向的情緒，也只是自發性地回應他人的感受。今日我們進一步瞭解，這樣的社交技能與情緒技能，其實可以教導也可以學習。歐洛芙在本書中提供務實的建議，教我們培養與提升同理心。我相信讀者會感到很有收穫。

今日地球上有八十億人。我們休戚與共，人類一體性（oneness of humanity）的概念前所未有地重要。意識到人性是共通的，將能帶來同理心，為一個更幸福、更和平的世界奠定基礎。

第十四世達賴喇嘛尊者

二〇二三年十一月七日

展開旅程

我是醫生，一生致力於治療。

過去三十年間，我整合我接受過的傳統醫學訓練，再用上我身為共感人的敏感天賦，協助病人康復。我的醫學訓練背景包括南加州大學（University of Southern California, USC）的醫學學位，以及在洛杉磯加州大學（University of California, Los Angeles, UCLA）擔任住院醫師。在每一個工作場合，包括我的私人診所、醫院、養老院、物質濫用計畫，我都感到謙卑，因為人的身心能夠有如浴火鳳凰，奇蹟一般地克服看似無法攻克的挑戰，經歷疾病、創傷與失去後再度站起來。我一輩子最有熱情的事，就是找出可行與有效的療癒技巧。

不論是工作、家人或朋友，還是各種類型的情境，如果你準備好在生活中的各種領域做出改變，加速自己的康復過程，那麼同理心是觸手可及的日常超能力。具有同理心的生活不是「當聖母」，也不是拋下你的優勢或常識。同理心不只是「紙上談兵很不錯」，還是可以學習的實用日常技巧。人人都能運用同理心。

我一次又一次見證同理心如何療癒我和患者。不論是同理自己，或是獲得別人的同理，你都會因此更容易克服健康或情緒上的挑戰。同理心能減少痛苦與各種衝突，緩解焦慮，讓憂鬱之人感到安慰，得知自己並不孤單。此外，由於同理心可以協助你體驗佛教的慷慨情操，感染他人的喜悅：「我的快樂就是你的快樂。世上的快樂莫過於此。」你將愈來愈能體會到這種心靈的慷慨。

不論你是付出同理心或是獲得同理，同理心本身是一種療癒的行為。同理心是在說你對我很重要，這個世界對我很重要。我要善待自己，也要善待他人。你不是透明人，也沒有被遺忘。你被看到、被聽到了。有人懂你。

療癒有許多形式，有時是身體的療癒，但不一定，也可能是精神、情緒、性靈的。療癒不一定是某個健康問題完全治好了，或者等同於康復，也可能是學著以更正面的方式，與長期疼痛或慢性病共存。有了同理心，你能以大大小小的方式，將慈愛帶進療癒裡。

本書主要談三個方向的同理心：用在自己身上、別人身上，以及廣大的世界。同理心是用心地給予與關懷。我意識到，如果我對你好，並接受你對我的好，我將更幸福，也更能助人。同理心就是那樣流動的：是雙向的。

我寫這本書的目的是在療癒的旅程中，助你一臂之力。你閱讀並使用我建議的練習後，即便目前感到失落，你將知道如何度過一天，隨時隨地愛自己。本書將回答實務層面的問題，例如：「如果我即將離婚／萬一家人待我不公／如果我精疲力竭或長期處於痛苦，如何還能擁有同理心？」對我個人來說，挑戰性最大的情境是碰到我愛的人受苦。我將分享我學到的應對方式，方便你運用。此外，你有可能碰到難相處的同事。我會提供一份路線圖，說明如何在工作中展現同理心，改善你與同事的溝通，並打造具實務基礎的方式，在你的團隊支持友善與創新的精神。

本書的目標讀者

只要你對自我療癒感興趣，或是想在人際關係中，以更有效的方式溝通，都可以看這本書。這本書適合任何有愛心的人士，除了默默付出愛的內向者與共感人，也包括刺激是一種充電的外向者，以及兩者皆具備的中間性格者。此外，如果你對加強同理心感到好奇，但不知道該如何著手，本書也適合你。可能是另一半或同事挑起你的興趣，讓你想要探索同理心。

培養同理心的時候，你還會連帶學到如何避免吸進他人的壓力、症狀或情緒。有了保護自己的能力，你在世上行走會感到更加安全。我會提供表達同理心的簡單練習，尤其會談到如何處理棘手或耗神的人際關係。此外，我將協助你對自己好一點，不再為了自認不足的地方，一味苛責自己。

你將學到如何以聰明、平衡、自在的方式培養同理心。你將獲得身心靈的力量，由你主導，真心誠意地過生活。同理心是為了傳達讓你感到自豪的善。

此外，如果你厭倦老是想太多，這本書也能幫上忙。無法關掉念頭令人痛苦，尤其是如果你數了太多的羊，卻半夜三點還醒著。我將描述如何連結更大、更自由的你。你不需要累壞自己，強迫自己想出解決辦法，也不需要聽猴心（monkey mind，譯註：指焦躁不安的心）不停歇的碎碎念。那種碎碎念充斥著主觀的看法與批判，通常只會害你卡住，沒有任何用處。我的道教老師曾經這樣描述自己：「茱迪斯，我不為事情所擾，因為我不像妳想那麼多！」身為醫生的我知道，雖然理性分析有好處，但只動用理性腦的侷限太大，無法帶來我們所有人都能達成的深度療癒與內心寧靜。

人生免不了受苦——有時多，有時少，但我見證我的病患是如何運用同理心，成功撫慰自己的苦。我認為至少從某方面來看，塞翁失馬，焉知非福。無論是什麼事，我們都可以選擇從中學習。同理心不只是「該做的事」。同理心能讓人少受一點折磨，不再向自己或他人發起戰爭。同理心能撫慰人心，是一種英雄的行為。

同理心能減少掙扎，讓腦中的聲音不再講難聽的話，讓你與自己和解。

我發覺有件事很有趣：「同理心」的英文 empathy 源自古希臘文 empatheia，意思是熱情或受苦。我同意「熱情」的部分，但不同意主要把同理心和「不舒服」或「被壓垮」聯想在一起的刻板印象。後文會再談到，有了適當的工具後，不一定要經歷「受苦」的部分。此外，同理心還被拿來形容，我們在美學上與動人的藝術或音樂連結。我喜歡這樣的用法，因為我們每個人都是藝術品。我們創作出屬於自己獨特的音樂。同理心協助我們理解彼此的這一面。

因此，我懷著興奮的心情邀請你，一起探索這條較少人走的愛心之路。我很榮幸能夠擔任嚮導，協助你培養並加強同理心，一起克服你碰上的任何阻礙或恐懼。走得愈遠，這條路就愈寬廣、愈豐富。此外，這條路充滿了驚喜和許多頓悟時刻，讓你接近內在的智慧。

我選擇依據同理心與愛的準則生活。當我對自己、對這個世界失去信心，我選擇深呼吸，再次出發。每一天，我都是抱持初學者心態的學生——這是一種美好、新鮮的生活方式。請和我一起踏上這段同理心的旅程，讓心靈無限綻放。

第一部
療癒自己，安撫神經系統

第1章 什麼是同理心的智慧？

成為最好的自己

我們生活在既瘋狂又神聖的時代。

在這個對立、分裂、成癮與匱乏的年代，同理心是我們的生存關鍵。我們不曾如此孤立無援，有時感到「太多了」，也是情有可原。確實是太多了——至少對你的理性思維來說是如此。同理心的創造力就是在此時派上用場，給予你更明智、更有愛的內在力量，引導你，讓你以更具同理心與洞察力的眼光看待困難。

我寫這本書的主要原因，是想告訴大家不要絕望，人世間有很大的希望——在這樣的年代，好好活下去的關鍵是同理心。讓世界重新走向慈悲與善良，永遠不嫌遲。缺乏同理心，導致我們陷入個人與全球的困境；重新找回同理心，則將協助我們脫困。同理心讓我們成為更完整的人，有力量追尋智慧，超越狹隘的思維。如同中文的「危機」一詞，同時包含「危險」與「機會」兩種意思，我會帶領你看到這是你發光發熱的機會。

本書的英文書名為「同理心的智慧」（The Genius of Empathy），因為內容超出一般對同理心的解釋。當別人遇到壓力大的時刻，我們崇高的同理心衝動想要關懷他人，然而同理心絕對不只是這樣。

我希望提供實用的例子，讓你瞭解世上健康的同理心是什麼樣子，方便你「按圖索驥」。這本書不鼓勵維持現狀；這本書談改變、成長與思考自己何時也能過有同理心的人生。這本書講的是給予自己空間，去探索真正的你，不受限於家庭或社會給你的小方框。

選擇同理心是個讓你卓越超群的機會！同理心會以意想不到的方式，改變以牙還牙的權力遊戲，打破溝通的僵局。這本書邀請你踏上自我轉化的旅程，成為更好的自己。沒錯，改變的時刻到了。解決問題不能治標不治本，只停留在問題的層面。同理心的智慧讓你從心出發，找到正確的解決之道與視野。當你成為具備同理心的領導者、團隊、健康照護工作者、父母、家人與朋友，你為彼此的關係帶來美好的轉變。這本書將引導你以別出心裁的方式，在日常生活中實踐同理心。

同理心會傳染。一個有同理心的舉動，將引發另一個，然後又一個。不過，你必須自己起頭。每天都練習同理心很重要。對自己、對他人、對地球來說，如果要改變你的生活與這個世界，從戰爭走向合作，那就勿以善小而不為。我們的神聖目標很簡單，就是試著瞭解彼此。

同理心不是你被迫去做的事。這份禮物不是這樣運作的。你必須真心想要。如果你不想要這份禮物，我也祝福你所選擇的道路。我是療癒者，我的作法從來不是試圖說服任何人接受沒有共鳴的東西。不過，如果你被同理心吸引，甚至有點好奇同理心如何能提升你的生活與關係，不必再活得很痛苦，那麼這本書適合你。如果你在家裡、職場或其他的領域感到被困住或沮喪，同理心將燃起你內在的希望之火，讓你成為最好的自己。

我把同理心視為一種技能。同理心可以培養，可以帶你走過困境，也能陪你走過幸福。相較之下，同情心則主要是為他人的苦難感到難過。對你正經歷的事物抱持同理心，能在你感到疲憊、痛苦、空虛或喪失自信的時刻帶來安慰——也能讓你在關懷他人與付出時，感受到純粹的喜悅。同理心是解毒劑，能緩解思慮過度與長期擔憂的狂亂狀態。與你的心連結，將能治癒痛苦與執著。同理心能轉換能量，從你開始，向外擴散，帶來正面的轉變。

不過，你可能和我部分的患者一樣感到懷疑：**這個世界的問題如此沉重，同理心怎麼可能幫助到我和這個世界？**在接下來的章節，你將瞭解光是靜靜坐在蠟燭旁，在自己的心中找到同理心，已經是多麼有力量的事。希望別人好的一顆心，將帶來不可思議的轉變。

同理心與慈悲的區別

同理心（empathy）與慈悲（compassion）彼此相關，但有點不同。

一般來講，同理心是指能調頻到他人的情緒，「跟著對方一起感受」。同理心的第一步是連結至他人的情緒與觀點。舉例來說，朋友丟了工作，你感受到他們的痛苦。然而，運用同理心的時候，你需要學習如何理解他人的感受，**但不跟著一起沉溺在痛苦裡**。光是這種程度的親密連結，本身就能帶來很深的撫慰。

另一方面，慈悲是「同情」某個人，出手相助。慈悲更接近向受苦的人展現慈愛，而不是經歷他們的感受。如果是慈悲，你會稍微拉開一點距離，比較不會吸收到對方的壓力，一起被榨乾。從生物學的層面來講，慈悲向我們的荷爾蒙發送訊號，大腦化學物質發揮作用，因此當朋友被炒魷魚，你可能想辦法支持他度過難關。你的重點是另一個人，而不是你自身的感受與回應。整體來講，慈悲更為放鬆。未經訓練的同理心則可能耗乾你，直到你學會穩住自己的策略，並享受這種形式的關懷。

同理心與慈悲是療癒的核心。如果是你喜歡的人，你可能感到兩者都很容易做到，但我也會帶你看各種較難同理與慈悲的情境，比如遇到你不喜歡的人。本書從頭到尾都會提到同理心與慈悲，不過我的重點擺在同理心，因為同理心需要懂得特定的技巧，才不至於被別人的壓力壓垮。此外，慈悲通常是回應讓我們有幫忙衝動的人，但不是每個有同理心的人都會受刺激而行動。同理心特殊的獎勵與挑戰光譜，令我十分感興趣。此外，我也想瞭解同理心如何增加我們生活中的慈悲。

探索同理心的智慧

同理心絕不只是「有的話很好」，也不單純是我們一般對待彼此的方法。同理心是一種EQ，可以學習，可以培養。同理心是每天都能做的療癒練習，有特定的技巧，可以照亮生活中的每一個角落。

本書要呼籲大家盡量在各種情境都發揮同理心（你的自尊允許的話！）。不要讓同理心的角色變得模糊，可有可無。這裡講的同理心，通常包含會讓人產生同理心的事，但也包含以更積極、更主動，甚至更激進的方式，照顧自己、他人和這個世界，不論在什麼情況。作家馬雅．安傑洛（Maya Angelou）有一句話說得太對了：「人們或許會忘掉你說過什麼……但永遠不會忘掉你給他們的感受。」[1]

培養同理心的意思不是性格溫和，也不只是符合社會期待，而是一種和平戰士的訓練。同理心是用心來給予與關懷。你將學習變得既強大又充滿慈愛，不被人欺負，也不鐵石心腸。不論處於人生的哪個階段，這本書都能陪伴你走下去，抵達更高的境界。

同理心或許不全是你所想的那樣。沒錯，同理心是溫和地分享他人的喜悅與悲傷。沒錯，同理心能讓你感受到別人的需求，進而幫助他們。然而，同理心也包含體諒你甚至不喜歡的人，或者更難的是理解自己。身為精神科醫師的我很清楚，助人通常比自助容易。

同理心是治療身心靈的良藥。同理心是流動的治癒能量。我將教你如何透過連結同理心，增加自身的活力，補足欠缺的元素，讓神經系統安定下來，並且為你人生的所有領域帶來和諧與自在。

此外，同理心還是熱忱與溫暖的狀態，協助你碰觸人性中最值得讚揚的一面，以及內在的善——同時拒絕不好的行為。同理心讓你能尊重他人。有時尊重的意思只是很簡單的傾聽，或是讓人把話說完。此外，性靈層面的同理心將把你連結至宇宙的奧祕，碰觸廣大無邊的愛的力量。

運用同理心的力量時，祕訣是同時運用心與腦的智慧，帶來更大的療癒效果。

我要教大家的核心重點，是學著立下明確的情緒與能量界線，才不會吸進他人的壓力。這個技巧是健康關係的基礎，可以保護你的敏感心靈。

舉例來說，我是醫生，也是共感人，我想知道你哪裡不舒服，但不想讓我自己的身體出現和你一樣的痛苦。那是我幫自己設下的界線，我才有可能在不耗盡能量的情況下治療病患。你向他人展現同理心的時候，也可以採用跟我一樣的方法。

在培養同理心的過程中，我還會教你如何不再總是想要證明自己正確，這種需求會造成心的障礙。一旦認識同理心真正的對手，包括恐懼、驕傲和自負，就能加以馴服。接著，你就可以放鬆一點，不再那麼執著。人們喜歡聽到：「你知道，你可能是對的」或「我明白你的意思」。這樣的認可非常不同於迎合他人，也不是違背你的價值觀。你只是自願選擇保持靈活的心態，肯定對方的觀點，不爭執小事，不反駁不同的意見。

以我的一個朋友為例，她堅信女兒的戀情注定失敗。可是我的直覺不是那樣，所以我只說：「好吧，妳似乎很確定的樣子。」我朋友得意洋洋笑著說：「我當然確定。」我讓朋友保留自己的看法，這讓她感到開心，儘管幾年後，她女兒的戀情依然維持得好好的。

有人說同理心是最高形式的智慧，因為我們需要暫時放下自我，去體驗別人的世界。我的意思不是你該拋棄自我；自我也會帶來力量，不過後文會再談到，自我想要的東西，不一定對你的幸福最有利。我將介紹同理心如何能夠介入，創造更正向的局面。別讓自我過分頑固、受傷或自以為是，因而妨礙你的心靈，不願放棄損人不利己的行為。

人生總有挑戰。很多事會讓你心煩意亂。日常中會發生的事，例如碰上愛諷刺的朋友、壓力大的配偶，或是沒禮貌的同事，都會讓你感到沮喪與疲憊。你有可能丟了工作，新工作又沒著落。或許你正在經歷沮喪、焦慮或身體不舒服。或許你從前讓自己心情好轉的方法，這次不再奏效，或是那些方法其實不曾真正發揮作用。在這種時候，同理心是正確時刻的正確老師。

同理心的智慧在於能夠契合他人的頻率，與他們一起共振。這有如把樂器調至最純淨的音色、頻率與音高。這種精神上的調頻，能讓你更接近你的神聖源頭，學習無限的慈愛。

我們有時很容易感受到同理心：女兒剛生了孩子，你自然分享她的喜悅。朋友的另一半或寵物生病，你安慰他們。然而，在某些情境下，要對自己和他人抱持同理心，就沒那麼簡單了。譬如，眼看著朋友即將第三次犯相同的錯誤，你變得不耐煩，說出後悔莫及的話；或是鄰居製造噪音，妨害安寧，你請他們安靜時情緒失控。我曾經很難對一個朋友的選擇產生同理心。他接受癌症治療後，有復發的可能，卻不做後續追蹤。我溫和地和他討論這件事，他說：「好，我會去。」結果到現在都沒去。

如同我的許多患者，你會理所當然地質疑：「對於傷害我的人，或是做出有問題或自毀的選擇的人，為什麼我要有同理心？」基本的理由是，這能切斷你和他們之間的任何有害連結，你將不會心懷恨意。心中充滿恨意，無助於好起來。

我建議的同理心能減輕你的重擔。對於傷害你的人，當你能展露一絲的同理心，理解他們的情緒缺失（而不是無法開脫的行為），將發生一些正向的轉變。即便你是合理的一方，放下你的批判與怨恨，你會更自由。有的人受過太多傷，善待他人與自己的能力十分有限。即便如此，不要老想著這些人，改想一些更美好、更有趣的事。我們會進一步探討這一類的主題，到時候再回頭探索。

聆聽同理心的聲音，能帶你前往未知的地方，甚至是你先前不知道自己想去的地方，讓你發現新的可能性。你正朝著神奇的轉折點前進，名字是「大分水嶺」。在地理上，大分水嶺是地球上少數幾個河流在山頂改變方向的地點，例如洛磯山脈的美洲大陸分水嶺（Continental Divide）。你的精神世界也擁有這種逆轉或改變方向的能力。不論你曾經跌得多深，感到多麼孤獨，練習同理心能幫助你調整方向，走向更健康的行為，重新看待這個世界。

同理心有潛在的缺點嗎？

儘管同理心有種種的好處，你可能仍然猶豫要不要培養，心想：**擁有過多的同理心，會不會讓我失去常識？有同理心會不會讓我變得容易接收別人的痛苦？我才不要！**的確有可能，但那只是因為你缺乏保護和穩住自己的對策。我將在本書各章節教你如何照顧自己，設定健康的界線。

你必須學著以平衡的方式運用同理心，才能有識人的能力，不會為了照亮別人，過度燃燒自己。

缺乏相關技巧，你有可能整天疲於拯救他人，或是過度迎合，對錯誤的人付出太多，過度協助你愛的人。你誤以為解決別人的問題是你的責任，但其實不是，結果為了別人的困境疲憊不堪，或是動用太多同理心而失去判斷力。保持冷靜、清晰的思維和理性，因此十分重要。舉例來說，如果我能同理你，我會表達出來，但不會過度付出。

健康的同理心不會不管碰到誰，一律付出無止境的愛。你需要拿出分辨的能力、觀照自己的直覺和能量狀態，保護自己。同理心只有在你不設立界線、不照顧自己或不設限的時候，才會出問題。如果缺乏相關技巧，你無法保護自己，導致心累與同理心疲勞（empathy fatigue）。你把自己掏空，再也無法給予別人或自己任何東西。你可能因此覺得付出同理心太痛苦了，為了保護自己，最好封閉或麻木自己。然而，選擇這麼做的代價太高，你將困在自己的思緒裡，心靈封閉——我自己無法接受這樣的命運。接下來的章節會教你如何運用同理心，同時也能理性分辨，不陷入別人的是非或痛苦。

本書的使用法

本書將從神經科學、心理學、精微能量、直覺醫療與靈性的角度，全面介紹同理心的智慧。這是一本鼓勵行動的實用指南，教你如何發掘我們每個人心中需要啟動的療癒力量。你將瞭解同理心的原理，在生活中的所有領域展現同理心。這件事有著學習曲線：多練習我建議的對策之後，你將熟能生巧。每一章都會講故事，那些故事取自我的患者、工作坊成員（詳細的姓名與身分資訊經過變動）、朋友與我本人，解釋我們如何更全面地運用同理心。此外，每一章結尾都有「同理心行動時間」的練習，你可以立即應用在具體的情境。此外，在本書的各個章節，有時我會建議你把想法和感受寫進日記。手邊最好備妥一本日記本，除了方便完成我建議的練習，出現你感興趣的主題時，也能隨手記錄。

我先前還寫過《共感人完全自救手冊》（*The Empath's Survival Guide*）與《共感人365天療癒處方》（*Thriving as an Empath*），教高敏感人士與共感人（他們不像一般人能擋掉外界的情緒）以不會精疲力竭的方式，運用自身的天賦，好好照顧自己。本書延續那兩本書所談的原則，不過這次我還會探索同理心的共通範疇，以及同理心如何能讓我們的生活與世界，變得更有愛、更健康、更有趣，也更寬容。

本書分為三部分；你可以依序閱讀，也可以跳到最想瞭解的章節。第一部分是「療癒自己，安撫神經系統」，解釋同理心的療癒力量，介紹如何停止過度思考，從你的心出發。你可以透過書中提供的自我評估測驗，瞭解自己目前處於哪一種程度的自我同理心（self-empathy），加強這項好好活下去的重要能力。此外，你還可以找出自己的「同理心風格」，瞭解你的人際關係如何因此受到影響，學著找出妨礙你好起來的障礙，例如情緒地雷、創傷和恐懼。

此外，你將瞭解同理心的生物學，包括同理心如何增強免疫系統和健康。你也將學到大腦中與慈悲有關的鏡像神經元系統。有高度同理心的人，這個系統有可能過度活躍；不太具有或缺乏同理心的人，這個系統則可能有所缺失。

我在第二部分「療癒你的關係」，以未雨綢繆的方式讓你展現同理心，但不會吸收別人的壓力，也不會淪為犧牲品。你將練習同理心傾聽（empathic listening）的技巧，為他人創造支持的空間。你將學會辨識哪些人有同理缺失症，包括自戀和反社會人格障礙症（sociopathic personality disorder），以及霸凌者，避免被錯誤的人吸引，躲開在神經層面或情緒層面無法回報善意的人。

最後的第三部分將拓展到「療癒世界」。我將在這個部分探討職場與全球的同理心領導力。我會討論原諒的療癒恩典，也會討論祈禱如何能啟動你的「祈禱之身」（prayer body），即使在你抗拒時，協助你找到同理心。最後，當你連結至我們的人類大家庭，加入充滿奇蹟造物與原始天地的大自然世界，同理心將讓你感受到喜悅。許多人渴望這樣的覺察和變化，天人合一。我們本質上是一體的。我們是可以共同成長的靈魂社群。

尊重你的真實需求

在你的同理心之旅，一定要打造出符合真實需求的生活。以我為例，這代表我得踏上「比較少人走的路」。我向來是「局外人」，喜歡獨處，逃避參加派對。比起待在人群裡，我通常更喜歡海洋或樹木的陪伴。在我的一生當中，我常常對著花朵、小鳥、月亮說話。童年的我感到格格不入，缺乏歸屬感，但如今我欣賞自己的敏感天性，千金不換。

無論你的天賦是什麼，一定不要再因為自己與眾不同而感到丟臉。別管別人說你該如何如何。你的觀點、你的選擇、你的敏感，都要展現百分之百的你。就算不知道該如何起步，跟著我走就對了。我很榮幸能指引你走向那樣的自由。

我要讚美所有的自由思考者、創意人士、獨行者，以及質疑社會規範、勇於做自己的人士。此外，有的孩子生性害羞，不善社交，但努力撐過了高中的青春期考驗，開闢出屬於自己的道路。我要向這樣的孩子致敬。我也欣賞所有大方、外向、毫不扭捏的人士。即使別人要他們「收斂一點」，或是認為他們的想法「大而不當或不切實際」，他們依然堅持自己的願景。

跟別人不同，不代表你有問題。不再那樣想自己，你就自由了。

同理心的美妙之處，就在於能夠幫到各式各樣的人：不論你喜歡融入或獨處，不論你是不是共感人，不論你傳不傳統，或是介於兩者之間，也或者你自認不屬於任何類別，那也沒關係。同理心能改善我們每個人的生活與人際關係。我有患者性格外向，在社會上講話有分量，在職場與個人生活都運用同理心。他們和我不同，不需要大量的獨處時間，跟一大群人相處反而活力充沛。展現同理心的方法很多，每個人都有最適合自己的方式。

感受同理心是所有橋梁的交匯點，能通往任何地方——讓你的心與腦攜手合作。我在體驗到同理心的時刻，想要深呼吸、靜下來，讓心充滿同理心的恩典和暖意。這是我的心靈之語。不過，每個人都能以不同的方式體驗同理心。你可能不會像我一樣，有著極為強烈的感受。本書接下來的章節，將協助你找到自己的道路、自己的語言，以及同理心帶給你的獨特好處。

如同我會再解釋，為了你的身心靈，你有很多培養同理心的理由，包括撫平痛苦。你可能不願承認自己痛很久了。也許現在是該放下的時候。即便你有理由怨恨，別再折磨你的心，放下重擔吧。或許你衡量成功的方法，可以換成每天打造出多少真誠的人際連結，不再追求物質上的成就。此外，你也可以專注於追求充滿驚喜的未來，目光不再聚焦在愛的傷疤。你可以擁有第二次機會，展開新的人生。

這個世界很亂，有太多亂七八糟的人事物，我們因此拿不出同理心。想到那些有同理缺失症的人，那些隨處可見的自戀和霸凌。你可能會問：「在這些障礙面前，我們怎麼可能愛彼此或和睦相處？」答案來自你的心，而不是你的理智，或是你能蒐集到關於人性缺陷的一切理性證據。同理心可以提供擺脫誤解和仇恨的道路。我的關注點很簡單。要找到同理心的話，你得從心出發，找到其他志同道合、心胸開闊的同伴。

同理心能讓我們緊緊連在一起；不敵對，以包容與好奇心，欣賞彼此的異同。這就是為什麼即便有許多「理性」的原因阻止我，我依然深受同理心的吸引。年復一年，我讓同理心拓展我的行醫之路，以更寬廣的方式聆聽患者的需求，也讓自己的人生更加豐富。**同理心能讓你成為最好的人。**願我們的目標成為在困境中療癒和愛人，樂觀向上。請讓我協助你達成那個目標，體驗最光輝的時刻。一旦你發現那份恩典，只要你的心持續尋找，恩典將永遠伴隨著你。

同理心行動時間

開啟自我療癒

重啟的時間到了。努力對自己更好一點，更加寬容，允許失誤。請啟動同理心的療癒能量。如果你感到痛苦，想要治癒身心靈，那就在心中真誠請求開啟這個過程，默念：**願我快樂**、**健康**、**擺脫煩惱**。接下來，以一顆謙遜的心，準備好迎接這條在眼前開展的新道路。

第2章 開啟同理心的治癒力量

如何停止過度思考，從心出發

美好的事即將發生。

準備好迎接正面的轉變。

你將因此充滿更多生命力。

你跟許多人一樣，希望待在這顆星球上的時光是有意義的。你渴望被珍惜、被愛、被理解。在我離世的那一天，當我回顧從前，我想要感受到愛，有辦法想起滋養靈魂的簡單事物——在春日與朋友在峽谷遠足、安靜的寫作日、伴侶的擁抱，以及參加工作坊的溫暖同伴，一起圍坐著探索彼此的靈魂。我知道我會記住別人對我展現的善意和同理心，我也有幸能對別人好。

那麼，你想成為什麼樣的人？在你最後的時刻，當這一世與未知之間的空間，僅由閃爍的星辰與宇宙的微笑相連，告訴你一切都會沒事，你希望想起什麼？即使生命似乎充滿無盡的苦難，我想你也不願在最後的時刻，被空虛的憎恨、報復和怨恨給吞噬，儘管這也是你的權利。此外，積累財富和世俗權力的渴望，到了那一刻將毫無意義。我邀請你睜開雙眼，看到對你真正有意義的事，即便只是生活中的吉光片羽：你的孩子的愛、陌生人的善意、生病時陪伴你的朋友。請找出在順境和逆境中，支持你的價值觀和積極信念，那些活在你心中的美好經歷。

我們是誰、我們希望成為什麼樣的人，深深影響著我們的療癒能力和幸福。即便可能比想像中來得困難，光是努力成為好人，例如重視愛、善良與服務他人，本身就是一種療癒的行為。我們都希望和諧相處，但要是沒有同理心，看來會是艱鉅的任務。

恐懼會滋生仇恨和分裂，因此同理心的必要條件，是持續治癒我們的恐懼，我們才有辦法尊重每個人的經歷。我被美國黑人民權領袖羅莎·帕克斯（Rosa Parks）的話所感動。有人問她是否對過去感到憤怒，她回答：「我不憤怒。如果你一直氣一個人，你有可能錯過交朋友的機會。」

歡迎來到同理心與心的世界。這裡有許多讓你變快樂的創意方法，讓你從更善良、更清醒的角度，面對生活中的困境。一位工作坊學員的話讓我微笑。她說：「我告訴我的孩子和孫子，他們的奶奶能理解他人、好好過生活的祕訣，就是同理心。」

生活充滿著不確定性，你永遠無法預測生活會向我們索討什麼，或是這一生會遇見誰。每一個人、每一個煩惱、每一種快樂，都教你成為更有同理心的人。

無論生活是喜是悲，全都是寶貴的一課，教我們如何療癒，把同理心帶入每個情境當中。

大我的出現

培養同理心的第一步是理解，我們每個人都有小我和大我。小我受限於你的自我、才智和情緒奮力主導的格局；大我則受到心的控制。小我擅長邏輯和分析情境，雖然是很好的能力，但理智既是朋友也是敵人。此外，小我也容易被不安全感、傲慢、自大、恐懼和焦慮所影響，缺乏超越這些情緒的工具。對於可能性，小我的視野因此受限。

我懂思維過度活躍有多痛苦。那種狀態讓我想起美國歌手布魯斯．史普林斯汀（Bruce Springsteen）有一首歌，形容一列貨運火車在他的腦海裡跑來跑去。腦中的喋喋不休足以淹沒其他的一切，不肯停下來，害你繞來繞去出不來。與此同時，小我會拚命說服你，眼下不是拿出同理心的時刻，用個「好理由」讓你抓著痛苦、恐懼和怨恨不放。以下是改變那種狀態的幾種方法。

打敗過度思考的九種對策

一、溫柔地找出那些無效模式。

二、專心用鼻子呼吸，協助自己從思維中脫身，改為專注於身體的感受。

三、友善地告訴自己：「過度思考無法解決問題，只會徒增沮喪。」

四、只專注於當下，不胡思亂想未來會出現可怕的事。方法是專注於呼吸、周遭環境的實體細節、身上的衣物、自己的感受，以及只想著今天需要解決的問題，別去想明天不確定會不會出現的事。

五、與其想著你無從掌控的事，不如把信心放在有能力改變的事。

六、輕輕把手放在胸口，或單純把意念集中在這塊區域，想像讓你心情愉悅的美好畫面，例如海洋、一束玫瑰花，或海鷗在天空翱翔。

七、不斷重複默念：「一切沒事。這個問題會隨著時間解決。」或簡單念「唵」（Ohm），梵語的意思是「我心平靜」。

八、聆聽寧靜的音樂，能帶你走出思維的牢籠，進入心靈深處。我最喜歡Wah!樂團、恩雅（Enya）和巴哈的音樂。找出能讓你快樂和放鬆的歌單，或是讓你重新體驗到生活魔力的音樂。也或者，你喜歡讓你起舞的音樂。音樂的力量能治癒過度活躍的心智，讓你的注意力從為了解決問題而發愁，轉向快樂、美和樂趣。你無法用「思考」來體驗音樂。音樂是拿來感受的。

九、想太多或講太多的解藥，就是陶醉在大自然的奇妙之中：不論是日落、朦朧的黎明、彎彎的明月，或是微風中搖曳的樹木……任何能觸動你的事物都可以。如果你人在海邊，或是有流水的地方，如瀑布或小溪，那就趁機吸進流水帶來的負離子，那可以使你放鬆。此外，專注於風聲或鳥鳴等寧靜的聲響（也可以下載 app，播放雷雨聲、下雨聲或海浪聲）。打開窗戶，或是走到戶外，簡單專注於自然的美好，讓思緒平靜下來。

當你的自尊不肯放手，就很難讓思緒平靜下來。你的自尊受傷了，而且不肯痊癒，寧願為了證明自己是對的，持續處於高壓與憤怒的狀態，也不願鬆開枷鎖。這種心態會讓你不快樂。你或許厭倦重複同樣的故事，卻又不知如何停止。此外，無止境地向朋友、孩子或孫子，重複講某人如何對你不公，也會讓人厭煩，不想再聽。

我有一位同事，至今仍然無法釋懷三十年前一次可怕的財務背叛。別人勸他放下怨恨，我也和他探討過同樣的問題，但是他都聽不進去。只要有誰願意聽，他就會舊事重提。

每當我聽到他又開始，就忍不住縮起來，立刻逃到聽不見的地方。他絕對有權感到憤怒、受傷和怨恨，但這些年來，這些情緒一直在他心中翻攪。你希望自己像那樣嗎？心存恨意就像毒藥，不過只會毒到自己。

不幸的是，許多人無意間讓自己大部分的時間，都生活在擔憂和怕東怕西的小我之中，找不到出路——甚至不知道有其他出路。你不一樣。你將學會進入大我的狀態：充滿同情心、直覺和同理心，接觸到更廣大的智慧和靈性。你將走出心靈的喧囂和恐懼，身處時間不存在的空間，不再被小我的期望和顧慮左右，更容易浮現同理心。

你以心為本的大我，更能愛自己，也更能理解他人。如果你僅僅仰賴理性的思維，你可能根本不知道世上還有其他的觀點。我們被困在單一的現實裡，但其實可以不必那樣。

我要交給你進入大我的每日同理心練習，試著問自己：「我該如何從心出發，不只是仰賴理性思維？」這麼問能提醒理智要另闢蹊徑。你的理智不必擔心被取代，你不過是介紹一個友好的同伴給理智。你的心和腦可以是最佳拍檔。有時你需要用邏輯思考，有時需要用心感受，也或者兩者都得上場。許多人之所以不快樂、看不見出路，是因為他們不知道如何有意識地修煉自己的心。學會這項能力，將改變你的生活。

同理心是心的道路，讓你從繁忙的思維切換到另一種頻率，療癒得以發生。

一旦你不再執著於理性和自尊，慈愛的力量還能提供額外的助力。當你以開放的心態思考，你可能會開始願意考慮：「或許還有更好的選擇。我先前不知道。或許我能改變態度或行為，修復一段關係。」

我邀請你參與這場實驗，體驗同理心的智慧，重新想像自己有能力善良。這將挑戰你擺脫自我提出的理性理由，不再困在狹隘的格局、僵化、痛苦或過度思考當中。一開始，這種轉變可能令你感到奇怪、不舒服，甚至辦不到，但這很正常。我會引導你走過這個流程的具體步驟。你在努力超越時，自然會遇上阻力。慢慢來，堅持下去。你體驗到的自由感，將協助你以更輕鬆、更滿意的方式面對生活。

我深受古老的經典《孫子兵法》的啟發；這本書的作者是神祕的中國軍事家暨哲學家孫子，時代距今兩千多年。他的學說主要講的是戰爭，但也是在講和平，談論如何以最佳的方式，解決人與人之間的衝突。

孫子寫道：「不戰而屈人之兵，善之善者也。」[1]他的革命性作法不主張，遇上大大小小的問題時，爭論或交戰是最佳的方案。制定策略與「瞭解你的敵人」才是關鍵，不要單單趁機洩憤。孫子認為戰爭應該是最後的手段，我們永遠必須對開戰感到悲哀（而不是歡呼）。孫子還提醒我們，自尊心有可能火上添油，激化我們與他人的衝突，或是惡化內在的衝突。自尊心通常想要「報復」，不會尋求更正面、更持久的解決辦法。然而，當我們抱持同理心的精神，卻能因此開始探索更具智慧、境界更高的自我。

我希望能像孫子建議的那樣，依據和平的藝術過生活。這是什麼意思？首先，我們都可以逐漸停止懲罰自己，不再對抗自己。第二，不要再因為對方「罪有應得」，繼續抓著怨恨或仇恨不放——我們稍後會再探討這個主題。第三，同理心的意思，不是避而不談某個人不好的行為，也不是試圖「當好人」。兵貴神速，我們要當機立斷，設立明確的界線，重新找回力量。

此外，在我的生活中，我不想因為別人觸發我的焦慮、憤怒或自我懷疑，不斷感到惱火和疲憊。我對於上演連續劇或引發衝突不感興趣。我不會單純為了安撫自己受傷的情緒，或是因為在某些領域自尊心低落，就引火上身。我選擇讓同理心當我的嚮導，即便我的自尊心不停吶喊：「選我。繼續爭辯。繼續對抗。」我的心會說：「讓我們尋找和平。」我們都很想聽從自尊心，報復回去，或是沉溺於受傷的情緒，忿忿不平，但我也想踏上更寬廣、更有愛的道路。

選擇同理心會改變全局，讓你有機會活出更開闊的人生，認真過生活。如此一來，不論是創傷或快樂，你在看待每一個情境時，都能從最有愛、最「宏觀」的角度出發。這句話的意思不是施展懷柔政策，也不是替對手找藉口，而是在理解他們的同時，也對他們的行為說「不」；理想的情況下，不會發生衝突。有時，這代表你得割捨生活中的某些人，而要擁有這種程度的個人力量，就必須停下來，想好如何依據最佳直覺來回應。

如果要在各種情境中產生同理心，包括工作、親密關係、家庭和友誼，你需要同時調動心與腦的智慧。我喜歡想像這兩個部分有如手牽著手的好友，而不是傳統醫學時常描繪的對立力量。

你將透過同理心找到平衡，既不會過度思考情境，也不會因為感受過於強烈，而吸收他人的壓力，最後不堪負荷。你不會腦筋一直轉個不停，在最緊要的關頭也能不動如山。

你可能會碰上誘惑，不想這樣做，但神聖的暫停（sacred pause）是邁向具備同理心的大我的第一步。

慢下來的智慧：練習神聖的暫停

同理心訓練包含養成習慣，在激動時停下來，用最好的自我來回應。

如果你感到不安，那就花幾分鐘停下來，讓自己冷靜。不要一被刺激就回應，衝動行事，說出會後悔的話——如果你感到饑餓、疲倦或忙碌，尤其不該寄電子郵件、發送簡訊或打電話。深呼吸，穩住自己。再做幾次深呼吸，進入暫停的狀態。現在靜靜地用幾分鐘緩緩呼吸，放鬆，告訴自己：「一切都會好起來。我能處理這一切。」神聖的暫停是重新整理思緒、對自己展現善意的時刻，讓你從小的自我，轉換到大的自我。

四種同理心

每個人配合自己或他人波長的方式都不一樣，要看你覺得自己跟四種同理心風格的哪一種最像，包括認知型、情緒型、直覺型和靈性型。找出自己主要的同理心風格後，就可以得知天生的傾向（你也可能同時具有其他的風格）。你的主要風格是你的預設值，大部分時候會以那種方式自然地表達出同理心。找出自己的風格是起點，你將明白自己如何發揮同理心，更自在地付出並接受關懷（需要注意的是，患有自戀型人格疾患或其他同理缺失症的人，不具備真正的同理心風格，他們缺乏這項特質）。

所有的同理心風格都具有獨特的療癒方式。你的目標是充分利用天賦，但同時也實驗不同的風格，拓展你的選項。你可能對不只一種風格產生共鳴，例如我的主要風格是直覺型同理心，但我也喜歡結合更偏向大腦的認知型同理心。剩下的類型我多少也有一點。我喜歡在回應時有所選擇。

請參考以下四種同理心風格的描述，進一步瞭解你和哪些風格有共鳴，以及每種風格的好處與挑戰。

一、認知型同理心：思考者／解決問題的人

如果你主要的同理心風格是認知型，最讓你感到自在的作法是以具體、理性的方式處理情緒。你可以把這種風格稱為「思考型同理心」。你用理性來理解他人，為他們祝福。你重視解決辦法，想透過腦力用邏輯來解決問題，無法做到時會感到沮喪。朋友如果遇到困難，你的回應可能是「我理解這件事讓你很難受，你可以怎麼做」，而不會說「我很心疼你」，接著給他們空間表達不安。

許多醫生展現出認知型同理心，保持情緒上的中立，專注於病例的事實資訊。他們更喜歡依據檢測結果與科技，分析病人的疼痛或不舒服，而不是利用自己的感受與直覺，協助病人處理感受。看病時，這種醫生可能會盯著電腦打病歷，不會單純聽病人說話。

如果你擁有認知型同理心，你感興趣的職業，可能包括律師、線性思維的醫生、工程師、電腦程式設計師、銀行人員、財務分析師、會計師、驗屋師或偵探。

優點

- 冷靜面對危機。
- 擅長分析。
- 拉開情緒距離，不會被強烈的感受壓垮，或是陷入別人的情緒。
- 提供務實的解決辦法。

缺點

- 你有可能讓人感到冷漠或不關心。
- 你為了保護自己，不想承受過多的感受，有可能不去碰觸自己或他人的情緒。
- 你在別人尚未完整表達感受之前，就拋出解決辦法。
- 因為思慮過多而感到疲累。

找到平衡：多留意感受，不忙著解決問題

試著用這個方法改善你在關係中的同理心溝通，讓自己更能感受到情緒。如果有人難過或哭著來找你傾訴，例如你的另一半因為工作或孩子的事，感到心煩意亂，或是朋友在煩惱錢的事，此時你可以溫和地說「我瞭解你的感受」，而不急著解決問題。至少花幾分鐘的時間，靜靜聆聽就好，先讓對方感受到你的同理心，覺得有人聽見他們的心聲，接著才建議可能的解決方式。

同理，如果沮喪的人是你，先溫和地安慰自己，不急於尋找答案，才能發現更從心出發的解決辦法。

二、情緒型同理心：感受派

如果你的主要同理心風格是情緒型，你會透過情緒來同理他人。這種風格可稱為「感受型同理心」。你很善良，忍不住想要幫忙有需要的人。你什麼都感受得到，但有時會到達極限。如同我本人跟其他許多敏感的共感人，你有可能是情緒海綿，你的身體會吸收別人的痛苦和快樂。由於情緒會感染，你很容易受人影響。

神經科學認為，情緒型同理心與大腦的鏡像神經元系統有關。這個系統藉由模仿他人的情緒狀態產生同情心。如果有朋友受傷，你也會感覺到痛。如果家人心滿意足，你也會心滿意足。你生來就會告訴別人：「我能感受到你的痛苦。我關心你。」我是共感人，當我愛的人遭遇困境，我的心也會跟著痛。同樣地，由於你和別人同喜同悲，他們也會感受到你的關心。

如果你擁有情緒型同理心，你可能對創意藝術與助人的職業感興趣，包括心理治療師、社工、護理師、教練或按摩治療師。你可能從事的其他行業包括教學、人力資源、神職工作，或是在非營利組織、動物救援或其他充滿愛心的行業擔任志工。

優點

- 你充滿愛心與同情心。
- 你是好朋友、好夥伴與好同事。
- 你對幫助他人很有熱情。
- 你讓人們感到自己被看見、被聽到。

缺點

- 你被太多感受給壓垮。
- 你厭倦了過度付出與討好別人。

- 你很難設下健康的界線。
- 你忽視自己的需求，過度關心別人。

找到平衡：設下明確的界線

如果不想被情緒型同理心壓垮，那就運用以下策略，保持心中的平衡，停止吸收別人的壓力。

- **反覆在心中說出肯定語，或是大聲說出：**「我的職責不是接收別人的痛苦。我可以關懷他人，但不耗盡自己。」每天至少說一遍提醒自己，喚醒自己的力量，不過度付出。即便你只是「故作瀟灑」也沒關係，一直裝到你能完整執行這些話的內容。
- **練習設定健康的界線：**導師普倫蒂斯．漢斐爾（Prentis Hemphill）說過：「界線是我能同時愛你也愛自己的距離。」[2]如果有人的要求超出你的能力，你要學會明確地說「不」或「現在不行」。以和善但堅定的語氣，禮貌、甚至優雅地告訴他們：「抱歉，我沒辦法那樣做。」你要時時刻刻記住，說「不」就夠了。簡單告知，不必替自己辯解或過度解釋。這種自我療癒法能保護你，讓你不會被別人的需求壓垮。

三、直覺型同理心：精微感知者

如果你主要的同理心風格是直覺型，你敏銳的直覺和敏感度，讓你更容易讀懂別人與非語言的暗示。你可以把這種風格想成「察覺型同理心」。你直覺就知道某個人是否真誠。你擁有強烈的直覺感受，經常靈光一閃，「就是知道」或是會夢到某些事物。此外，你能感受到他人散發的正能量與負能量。一個人給人的感覺，來自中醫所說的「氣」或精微能量，從皮膚往外發散幾寸或幾尺的距離。

對精微感知者來講，一個人散發的能量透露著大量的訊息。愛因斯坦（Albert Einstein）認為，萬事萬物都是能量。有些能量帶有治癒的能力，有些沒有。舉例來說，如果朋友對創作電影的計畫感到興奮不已，你的身體也會跟著雀躍。同樣地，你的正能量也能提振朋友的情緒。此外，有的人表面在微笑，但你有可能察覺他們的掙扎，他們身上的壓力讓你感到不舒服。這種無形的精微能量語言，協助你解讀身邊的環境。你會自然而然以這種方式給予和接收同理心。

如果你擁有直覺型的同理心，你感興趣的行業包括藝術家、設計師、電影製作人、音樂人、教師或健康照護工作者。你也可能熱愛與植物、花卉或動物有關的工作，或是致力保護海洋生物與海洋的健康。

優點

- 你有強烈的直覺與開放的胸襟。
- 你能感受到人、地點與大自然的精微能量。
- 你有辦法讀出別人的需求。
- 你透過感受情緒的能量展現同理心。

缺點

- 周遭有人的時候，你可能感到疲憊、焦慮或是被吸乾。
- 你在外頭會感到暴露、沒有遮掩，「讓人看到太多的你」。
- 你是能量海綿，你會吸進別人的壓力或情緒。
- 你容易過度接收來自四面八方的直覺，不曉得如何關掉。

找到平衡：升起防護罩

如果要對直覺型同理心感到自在，可以練習用以下的防護罩技巧保護自己。這有如穿上隱形的斗篷，隔絕別人的壓力，或是避免接收到過量的直覺資訊。

想像自己被一層發亮的純白色光芒完全籠罩。這層絕緣的屏障罩住你全身，把你從頭到腳包住，距離皮膚大約六英寸（約十五公分）。這是半透性的防護罩，希望、快樂和同情等正面情緒可以進入，但是擋住外界不好的壓力。你可以選擇要讓屏障打開多少。此外，你可以只在特定情況下使用這個方法，或是在你需要保護的時候，全天候升起防護罩。有時還可以想像更強大的屏障，堅若磐石，嚇阻令你不安的人。

四、靈性型同理心：神祕主義者

如果你的主要同理心風格是靈性，你透過靈性來同理他人。你可以把這種風格想成「通靈同理」（divining empathy），也就是與靈性連結（由你來定義靈性）、打開心的過程。對有的人來說，靈性可能是指上帝、女神、大自然、創造性智慧（creative intelligence），或是愛的力量。神聖的存在是通往更大、更慈悲自我的敲門磚。當你給予和接收同理心，你成為靈性的容器。在某些靈性傳統，自我（ego）被視為「將神排除在外」（edging God out），你不大會這麼做。靈性型同理心反映出〈聖法蘭西斯禱文〉（Prayer of Saint Francis）中的崇高視角：

> 使我做祢和平之子；在仇恨之處播下愛；在絕望之處播下盼望……因為在捨去時，我們有所得。

你延續這個禱文的精神，將同理心視為一種神聖的治療，滋養你的靈魂和世界。

如果你擁有靈性型同理心，你可能有心從事神職或慈善性質的非營利工作。你會感到滿足的職業，包括靈性心理治療師、人生教練、針灸師或瑜伽老師。你也可能是作家、編輯或出版商，重視把「靈性」的書籍帶給世人。此外，你可以把這種同理心風格融入企業文化和領導模式，創造出更具合作精神與同理心的工作環境。

優點

- 你把同理心視為靈性的禮物與神聖的生活方式。
- 給予及服務他人令你感到喜悅。
- 你實踐原諒與寬容。
- 你透過祈禱和冥想，替自己、他人與至善，接收直覺的指引。

缺點

- 你犧牲自己，承受他人的苦難。
- 世上的重擔、憂鬱與痛苦壓在你身上。
- 你主要把自己定位為給予者，而不是接受者。

• 你有可能把照顧自己當成放縱，而不是必要的充電方式。

如果要在這種同理心中穩住心神，道教與佛教等許多亞洲的靈性傳統，強調走中道的重要性，意思是兼顧天地法則。這是一種避免走極端的生活方式，鼓勵你關注整體的自我，同時照顧到身心靈。

找到平衡：走中道

每天要記得關愛自己。助人是好事，但也要重視自己的身體和情緒需求，給自己恢復精神的安靜時光。如同耶穌會神父德日進（Pierre Teilhard de Chardin）所言：「我們是有人性經驗的靈。」**滋養你的人的部分，因此至關重要。**每天挪出時間，至少進行一項穩定身心的活動，例如：運動、園藝、赤腳踩在地上（接地氣）、跳舞、聽音樂、吃健康的食物、做瑜伽……任何能讓你快樂並強化身體的活動都可以。

• ● •

以上的四種同理心風格，代表著施與受的整體偏好，不過這種偏好並非固定不變。我希望能協助你一邊強化優勢，一邊處理較弱的部分，成為更完整的自己。不過，我也建議你實驗不同的風格，不斷拓展你表達同理心的方法。

你這輩子最重要的關係，就是你和自己的關係。瞭解自己的同理心風格，將帶給你基本的認識。你會知道如何更有效地表達關懷，並意識到自己何時失衡。這項資訊能讓你多愛自己一點，設法以自在與療癒的方式付出，好好照顧自己。

同理心的神經科學

我很感興趣的是，有愈來愈多科學發現出爐，解釋當你感受到健康的同理心（並未過度付出），大腦和身體發生了什麼事。舉例來說，《神經影像》（*NeuroImage*）期刊指出，具有認知型同理心的人，大腦裡與決策相關的中扣帶皮層（midcingulate cortex），灰質（豐富的神經元儲存庫，讓我們每天都能高效運作）會增加。相較之下，具有情緒型同理心的人在島葉（強烈情緒的中心）有更多灰質。[3]這兩種類型的同理心，在大腦結構上有所差異。瞭解神經科學，能協助你更全面瞭解同理心如何發揮作用，同時療癒你自己和他人。

鏡像神經元系統

鏡像神經元系統是一組特定的大腦細胞，負責慈悲和同理心[4]，讓你能模仿他人的情緒，感受他們的感受，從而產生共鳴。你與某個人的連結愈深，你的關懷就愈強。鏡像神經元會被外力啟動——你的好友感到痛苦，你也感到痛苦；你的孩子快樂，你也感到快樂。超級敏感的共感人的鏡像神經元有可能過度活躍。病態人格、反社會與自戀型人格疾患，則可能擁有不夠活躍的鏡像神經元系統。

催產素和其他幸福荷爾蒙

荷爾蒙是從大腦前往身體各部位的化學信差。當你感受到同理心，壓力荷爾蒙會減少，讓人心情好的荷爾蒙則會增加，有助於減輕痛苦、增強免疫力與健康，讓你保持更年輕的狀態。

研究顯示，同理心可以活化以下的「幸福荷爾蒙」：

- **催產素：**這種令人感到愉悅、溫暖與舒服的「愛的荷爾蒙」，可以強化你在關係中的同理心、信任和連結。分娩、哺乳、性行為、接吻、擁抱、友誼、親密交談和照顧他人，會釋放催產素。催產素還能舒緩憂鬱和焦慮。你的催產素濃度愈高，就愈想慈愛地對待自己和他人。[5]
- **腦內啡：**這種天然的止痛藥能緩解壓力和不適。腦內啡在運動（這種感覺被稱為「跑者高潮」〔runner's high〕）、飲食和性行為期間會增加。付出同理心的人，感覺人生更美好，因為他們的大腦分泌了腦內啡，帶來正向的情緒，緩解緊張感。

- **多巴胺**：當你體驗到同理心、幫助他人或參與其他開心的活動，你的愉悅反應與這種荷爾蒙有關。當你同情他人的處境，或是別人同理你的時候，你也會擁有好心情。
- **血清素**：血清素是身體的天然抗鬱劑，在你體驗同理心時會增加。此外，血清素能調節心情、睡眠、食欲、消化和記憶。

我們的行為影響體內會產生哪一種荷爾蒙，不過荷爾蒙也會影響我們的行為。舉例來說，當你擁抱人類朋友或動物朋友，催產素的濃度上升，你會感受到愛意。如果你和同事吵架，體內會迅速湧出壓力荷爾蒙（如皮質醇和腎上腺素），導致血壓和心率上升。因此，你應該多利用幸福荷爾蒙，來提升幸福感。

迷走神經和副交感神經系統

副交感神經系統負責「休息、恢復和消化」，安撫你的身體，管理壓力，促進健康的消化，停下腸胃道的痙攣。這個系統告訴身體**可以放鬆**，協助你減壓。

迷走神經是人體裡最長、最具影響力的神經，控制著副交感神經系統。迷走神經把你的大腦連結至心臟、肺部和消化系統（這也解釋了，英文為何稱直覺為「腸子的感覺」（gut feelings」）。今日的科學研究發現，腸道中的微生物體（microbiome，包括好菌和壞菌）可能透過迷走神經，直接傳遞訊息給大腦，同時影響你的腸胃健康和心理健康。[6]這條神經還負責調節你的語氣和面部表情，譬如皺眉或微笑。[7]若是少了這些線索，我們很難解讀他人的情緒，甚至無法得知對方是否表現出同理心。

迷走神經與同理心和照顧他人的本能有關，甚至有科學家提出，這條神經特別的演化是為了促進關懷行為。[8]如同肌肉可以鍛鍊，迷走神經也是一樣。啟動迷走神經（以及同理心）的活動，包括平穩地深呼吸、唱歌、哼歌、念誦、冥想、漱口、瑜伽、太極、有氧運動、按摩，以及與喜歡的人相處和大笑。[9]

此外，暴露於低溫可以緩解與焦慮相關的「戰或逃」反應。防止恐慌症發作的辦法，包括洗冷水澡或在胸口放置冰袋十五分鐘。此外，訓練自己專注於美好的念頭，像是「我是有愛心的人」或「我的花園今天特別美」，避免沉溺於陰暗的想法或「萬一如何如何該怎麼辦」的場景，能讓你的副交感神經系統快樂。「經過鍛鍊」的迷走神經，與更強的愛心、感恩，以及想助人的欲望有關。這些特質又會進一步促進情緒健康和心理韌性。

感官處理靈敏度

研究顯示，有的人（如情緒型同理心）擁有高度敏感的大腦，能高度感受到微小的刺激，如光線、聲音、觸覺、氣味、大聲談話和擁擠的場所。此外，他們更能深入處理訊息，擁有很強的直覺、情緒和同理心。這種特質稱為「感官處理靈敏度」（sensory processing sensitivity, SPS）。由於這類型的人士對環境反應強烈，他們的腦和心需要更多時間來處理事件，特別是在衝突或刺激性的互動過後。SPS人士往往缺乏其他人擁有的情緒過濾器，容易將他人的壓力吸進體內，感到感官過載與疲勞。SPS特質的開創性研究顯示，SPS人士大腦中與覺察、記憶、同理心相關的區域有更高的反應。SPS是一種高度的同理心狀態，就跟共感人一樣，不需要修正。儘管如此，擁有這種特質的人仍然需要應對技巧，比如設定界線、冥想和自我照顧，才能在享受天賦的同時，避免感到無法承受。本書與《共感人完全自救手冊》是學習相關應對技巧的基本讀物。

免疫反應

同理心會如何在生物學的層面，增強你的免疫系統？研究顯示，當身體接收到同理心、仁慈和寬容的訊息，痊癒速度會加快，觸發初步的免疫反應——接著身體的自然癒合力也能開始作用。[10]

當你對開心或身處困境的朋友產生同理心，你和他們的身體會分泌催產素與腦內啡，有助於增強免疫力、緩解焦慮與帶來平靜。因此，以大大小小的方式助人，通常心情會變得更好，這種現象稱作「助人者的快感」（helper's high）。[11] 反過來說，抓著憤怒和仇恨不放，壓力荷爾蒙會增多，抑制免疫系統，涉及高血壓、心臟病、失眠、焦慮，以及各種重大健康問題。

值得深思的研究顯示，光是觀察帶有同理心的行為，也能改善免疫反應。曾有一百三十二名哈佛大學生觀看一支影片，見到德蕾莎修女（Mother Teresa）照顧被遺棄的孩子和痲瘋患者之後，唾液中的抗體大幅增加，這是免疫力提升的徵兆。這個稱為「德蕾莎修女效應」（Mother Teresa Effect）的發現很驚人，[12] 證實當人類目睹同理心行為，可以增強自身的免疫系統。也就是說，你的同理心能提升別人的健康，別人的同理心也對你的健康有益。這是同理心具備療癒功能的有力證明。

綜上所述，當我們表達同理心，我們的身心靈會密切合作。你的身體是寶貴的盟友。從鏡像神經元系統到幸福荷爾蒙，瞭解如何利用這個盟友的奇妙功能後，就能打造出讓同理心大放異彩的環境。用心聆聽身體，就是對自己、他人與廣大的世界表達善意。

達爾文（Charles Darwin）在《人類的由來》（*The Descent of Man*，一八七一年出版，比《物種源始》〔*On the Origin of Species*〕晚了十多年）一書中寫道，最重要的人類演化元素，其實是「善者生存」（survival of the kindest），而不是適者生存。[13]達爾文將同理心的地位提高為關鍵的生存特質，主張我們是深具社交性與關懷的物種，本能就想救人於水火。《人類的由來》是達爾文去世前的作品，也是他所有作品中最少人閱讀的。然而，不論我們如何看待達爾文的敏銳體悟，他的科學轉向，也或者該說是他的成熟覺察，無一不指向同理心具有生物學上的優勢，可能有助於人類的存續。

同理心行動時間

安撫你的神經系統

當你「感受太多」或「想太多」，此時最重要的事情是照顧自己。一有喘不過氣的感覺，就做這裡的練習。萬一工作太忙、沒辦法休息，那就計畫好，回到家後，留一點時間整理心情。

關上辦公室或臥室的門幾分鐘。找一個舒服的姿勢，慢慢深呼吸，讓身體放鬆。在心裡想著：「為了幫助我休息，穩住我的思緒，我可以暫停一下，透過冥想啟動平靜的迷走神經。」從一數到六慢慢吸氣，接著屏住呼吸數到六，再來也是數到六慢慢地呼氣。重複這個循環三次。這種重啟呼吸法，能讓神經系統鎮定下來。人在比較平靜的狀態，能做出較明智的選擇。你可以利用生物學，調節出舒適的同理心程度。

第3章 培養自我同理心
透過對自己好來修復自己

你無法忽視自己的需求，同時期待傷口會自動好起來。這是緣木求魚。

或許你跟我的許多患者一樣，被各種問題、挫折與責任弄得心煩意亂，很容易忘記哪些事最能讓自己感到療癒與自在。你日復一日有如盡忠職守的士兵，踏著艱難的步伐，扛起所有的責任——這種生活可真沒意思。學會自我同理心，能協助你減壓，做事更有生產力，也更能放鬆心情享受每一刻。

記住，最大的寶藏就是你自己。你的身心靈都會感激你施予的任何善意。不論是喜悅、憂傷，還是痛苦，你要和自己的情緒交朋友。如果身體不舒服，同樣要善待自己。這些是培養自我同理心的基本作法。你愈是在生活中運用這項技能，體驗到好處，自然更能對他人抱持同理心。

我大力支持自我同理心，因為日子不好過的時候，自我同理心是療癒的基石。自我同理心超越普通的同理心。普通的同理心一般較具有自發性，而且主要是對他人產生共鳴。

我建議把自我同理心列為每日的優先事項。與其每天早上一睜開眼睛，就緊張兮兮想著：「今天要做的事很多，根本做不完！」不如問自己：「我今天要如何對自己好一點？」

話雖如此，即使是高度重視與追求自我同理心的人，也可能不是很確定該怎麼做。許多人很會關心他人，卻忽略了對自己也需抱持同理心。我們都聽過愛很珍貴。在神奇的療癒過程中，愛是重要的元素，甚至只是對自己好也算。然而，如何能做到呢？真的做到之後，又該如何才能更常處於那種狀態？

練習是關鍵。愛自己必須成為一種習慣，不僅是短暫的渴望。我會教你用各種方法找到自我同理心。不論是在你最需要的時候，或者是在日常生活中，自我同理心都是你能仰賴的愛與慰藉。

我們習慣向外界尋求安慰，但自我同理心是往內求的練習。

為什麼自我同理心有療癒的力量?

自我同理心是承諾愛自己,不羞辱自己,不懲罰自己,尤其是在沒達到要求的時候。我們每個人都有進步和成長的空間。你的第一反應有可能是硬逼自己進步,或是感到不耐煩。或許你會學家人、老師或另一半對待你的方式,斥責自己的不安,痛罵自己所謂的「缺點」。然而,自責對誰都沒好處。我把這種自我懲罰比喻為自體免疫「疾病」,也就是你的免疫系統攻擊自己的身體。你如何對待自己,影響著你的健康和幸福,但只要有一小部分的你想要改變這種模式,你已經踏上喜歡自己與享受生活的道路。

我以前長年單身,我很喜歡的姑姑每次節日聚餐都會問我:「親愛的,妳結婚沒?」「還沒。」我會小聲回答,目光下垂,羞愧自己還沒結婚(那個年代對於單身的好處,以及各種親密關係的可能性,認識得還不夠多)。我的自尊心有如被姑姑戳破的氣球。再一次,我不斷責備自己「不夠」女人。在那個當下,我不記得我的成就,不記得我的魅力,也不記得我對朋友很好,喜歡服務,待人親切。

我是如何改變這種模式?我一直意識到姑姑的評論讓我很羞愧,也明白我對自己單身的狀態感到羞愧。然而,我不敢請姑姑別再提結婚的事,我不想冒犯她,畢竟姑姑在其他方面都對我很好。我心想:**我可以表現出大度的樣子,不去管那句話**(效果不太好)。不過，在心理治療的協助下，我開始正視自己想要討好別人、輕視自身需求的傾向。當我學會以尊重的態度設立界線，我的自我價值感變強，單不單身不再重要。在我意識到自己會羞愧的模式後，多給自己一點愛，這件事便再也無法打擊我。

我開始實踐自我同理心，告訴自己：「身為女人的妳沒什麼不好的。」雖然起初我不完全相信這句話，我還是重複這樣告訴自己。光是能說出這樣的話本身，就是好的開始。我最後本能就知道這是事實。我感到自己很好，單不單身都一樣。我對自己的羞愧感抱持同理心之後，在療癒之路上跨出很大的一步。

後來，每年姑姑又問起這個我害怕聽到的問題（是的，我曾經請姑姑不要再問我結婚的事，因為我感到受傷，但姑姑經常「忘記」，然後再為了不小心講出來而道歉），我已經有辦法面帶微笑，簡單轉移話題。這是我的一大勝利。即使是愛你的人，就算他們願意嘗試，早期的觀念根深柢固，改也改不了，比如幾歲就該結婚。以我姑姑的例子來講，如果我能接受她就是她，就不會對她抱有不切實際的期待。

此外，自我同理心特別療癒的地方，就是欣賞自己做得好的地方。你要養成習慣，不需要特定條件，每天肯定自己：「你做得很好。」你很努力賣出一幅畫；你替難相處的母親帶了晚餐；你完成要求很多的專案；你替獲得表揚的同事感到高興，沒有嫉妒，或者只是稍稍羨慕。又或者，你真誠表達自己的需求，沒有試圖討好別人——這是非常重要的勝利。例如，即使同事給你很大的壓力，你還是說出：「我覺得投資這項事業不太妥當，我無法答應。」當你成功對自己和他人展現同理心，不要覺得那微不足道，而急於解決下一個問題。自我同理心會表揚「我做到了！」，替自己感到開心。

培養自我同理心的方法，是挑一項做得到的行為改變，接著每天都做，持續一星期以上。你可以在日曆中設定提醒，把這個習慣融入日常行程。一星期後，你可以延長這個練習，比如在行程表上持續標註一個月。自我同理心的意思，有可能是晚上待在家裡，好好泡個澡，不和朋友到外面吃晚餐或社交；自我同理心有可能是生病時對自己更溫柔；或者是明白：「親戚喝酒後的糟糕行為與我無關。」不論發生什麼事，你都必須給自己這份同理心禮物。

自我同理心是無條件的。不論你有沒有擊出全壘打；不論你是否感到痛苦；不論你快樂或悲傷，都沒有關係。不論發生什麼事，你都站在自己這一邊。

接下來做個小測驗，看看你目前處於哪個程度的自我同理心。把你目前的分數，當成繼續成長和療癒的基準線，愈來愈愛自己。

你的自我同理心得幾分？

針對以下的描述，圈選「是」或「否」。你的答案代表你通常會有的感受。很少有人能隨時抱持自我同理心。

是／否　我對待自己跟對待別人一樣好。
是／否　我尊重自己的需求，不會永遠把其他人擺第一。
是／否　我遇上困難會同情自己，不去責怪或羞辱自己。
是／否　我能在自己和不健康的行為之間，畫出尊重彼此的界線。
是／否　我允許自己身邊都是支持我、性格正面的人。
是／否　我犯錯時會原諒自己。
是／否　我允許自己接受他人的照顧、協助和愛。
是／否　我做得好的時候，會替自己感到開心。

分數的解釋如下：如果你有七到八題回答「是」，你擁有健康的自我同理心。如果有四到六個「是」，代表中等的自我同理心。一到三個「是」，代表你有些許的自我同理心，但可以進一步提升。如果你沒有任何一題回答「是」，謝謝你這麼誠實。或許對你來說，對自己好是個全新的概念，但我們馬上會介紹對自己好的方法。

連結你的心

激發自我同理心的祕訣，在於擁有一顆開放的心。心是慈悲、寬恕和善良的源頭。把你的心想像成「同理心的中心」，那裡能湧出無限的愛、智慧和療癒的力量，就像插座一樣可以接入。即使面對看似無解的情境，或是碰上不知該往哪走的人生十字路口，你的心知道該怎麼做。心是可靠的盟友，但你必須主動伸出手。學會啟動你的心，心就會輸送源源不絕的明智辦法與能量，促成你的療癒。

在壓力大的情境，尤其是當你快要陷入恐慌或感到痛苦，可以練習把手放在心的位置，啟動同理心。你也可以簡單把注意力集中在胸部中間的位置，那個比胸骨高幾英寸的地方。這樣做，有助於啟動你的治癒能量，打破恐慌的循環。我如果因為太忙覺得感官過載，會立刻把手放在心窩上，讓自己平靜下來。嬰兒哭鬧時，父母通常會出於本能，輕拍小寶寶的心安撫。此外，把嬰兒放在胸前，讓他聽見父母的心跳聲，也能安撫他的情緒。

這個概念並不神祕。這是古老的生存本能，也是表達關愛的方法。在各個時代，把手擺在心上，向來是全球通用的重要手勢。戰士上戰場時，經常藉著這個動作告訴戰友：「我們齊心協力。」此外，這個動作也象徵宣誓效忠，或是以自己的名譽擔保。另外，這個手勢也和祈禱有關。如果身旁的人遭遇困難，或是兩人將有一段時間見不到面，很多人會自然地把手掌擺在心上，意思是：「我愛你，我與你同在。」

藉由激發心臟的「精微能量」來療癒，是已經使用了數個世紀的技術。傳統中醫稱這種生命能量為「氣」。夏威夷的卡胡納（kahuna，譯註：醫師、巫師或各種專家）稱之為「瑪納」（mana），阿育吠陀醫學稱之為「般納」或「普拉納」（prana），印度瑜伽治療師稱之為「夏克提」（shakti）。西方醫學也在跟進，美國國家衛生院（National Institutes of Health）贊助精微能量療法的新研究，協助緩解疼痛和各種疾病。

我建議你也學會運用這種能量，培養自我同理心。如果要接上你的治癒力，請跟著做以下的冥想。這個實用的方法不管在哪裡都適用：在家、在辦公室、在公園長椅上，甚至是社交場合的廁所都可以。你會感到更舒服，更能友善對待自己和他人。

啟動你的療癒力量：與心相連的冥想

慢慢深吸幾口氣，放鬆你的頭腦。想像把你的恐懼或焦慮的念頭，放在一朵雲上，讓雲飄走。接下來，把手輕輕放在胸部中央的心上，那裡是心的能量中心（實際的心臟位於偏左的地方）。你持續慢慢地呼吸，想像讓你感到快樂的畫面，例如日落景象、優游自在的海豚、一道彩虹、一桿進洞。輕柔地專注於這個畫面，感覺你的心對外打開，身體湧出暖意，一股振奮的活力流遍全身。

如果你的身體有特定部位在疼，就想像自己把愛與同理心，從心發送到那裡。這麼做能讓你放鬆，並且把慈愛注入疼痛處，開啟你的療癒之旅，或是更能夠與不舒服共存。

這個自我同理心練習的延伸是接受人無完人，但可以不斷成長。當然，你會有犯錯或懊悔的時刻。你將前進幾步，後退幾步，接著再度前進。你並不完美，我們都不完美，但幸虧如此。完美多無聊啊！我喜歡日本的「侘寂」概念，它將不完美視為美麗與有趣。我們都是既混亂又非凡。自我同理心始於願意接受自己不那麼完美的特質，同時也接受閃閃發亮的部分。

因此，在你的療癒過程中，要慈愛地改變需要改變的地方，並且在旅途中和善地對待自己。

自我同理心是生命力的祈禱，可以帶來健康與幸福，協助你以正面的方式成長和療癒。

面對疾病和疼痛的自我同理心

不論是感冒、開刀，或是經歷急性或慢性疼痛，自我同理心都能幫助你好過一點。不過，運用自我同理心需要你漸漸放下自我厭惡和恐懼。你的身體擁有天生的智慧，聽得見你說的每一件事和每一個想法。許多人太快產生厭惡或責怪的情緒。我們習慣在身體需要同理心的時刻，不喜歡自己的身體，將身體視為敵人。

我的患者約翰是會計師，長期為腸躁症（IBS）所苦，情況時好時壞。不幸的是，報稅季節的壓力，常讓他的腸躁症益發嚴重。有好幾個星期，約翰會感到特別虛弱，但偏偏在那段時期，他最需要清楚的頭腦。約翰生氣身體「背叛」他，藥物不僅在緊要關頭壓不下症狀，整體而言也不是很管用。我建議約翰開始把身體當成朋友，而非敵人，告訴身體：「我很抱歉你經常不舒服，尤其是壓力這麼大的時候。我會好好照顧你。」

約翰起初抗拒我的提議，皺著眉說：「這像是弱者才會做的事。」我知道「弱者」是約翰的羞恥感根源。因此，我沒和他爭論，只是聆聽他的抗拒。

即便如此，下一次看診時，約翰依然無計可施，只得不情願、但誠心地捂住胸口，用更和善的態度跟身體說話。「很抱歉你受苦了。」約翰大聲告訴身體：「我們以前也撐過情況變嚴重的時期，這次也會。」此外，我還教他呼出不適感，不緊繃著肌肉，不把不舒服留在體內。採取這個作法幾天後，約翰開始感到沒那麼不舒服，因此更有動力持續對自己展現同理心。約翰因為親身體會到部分的緩解，於是每天不間斷地使用這個方法，慢性疼痛因而有所改善，肚子的絞痛也不再那麼嚴重。

如同約翰的例子，有時慢性疼痛無法在短期內完全解決，甚至有可能永遠無法解決，但是當你學著把身體當朋友，自我同理心能協助你減輕不適。

關於疾病的看法，有些並不正確。當你明白疾病並非以下幾件事之後，才有辦法對自己付出同理心：

- 生病不是你的靈性有問題的懲罰或徵兆。
- 生病不是你討厭自己的理由。
- 生病沒什麼好羞恥的，也不是放棄的理由。

- 生病不是上帝不存在的證據。

讓各種形式的「不舒服」，成為你同理身體的契機。記住，緊張的頭腦會導致緊繃的身體。你擁有的同理心愈多，體內會產生愈多的「快樂」腦內啡，有助於減少生病期間的痛苦與不舒服。

每當你感到身體不適，可以用同理心連結身體。首先，找出身體疼痛的部位。深呼吸幾次，讓自己放鬆下來。在高壓情況下（包括看病或看牙）與你的心連結，可以減輕壓力。請持續向不舒服的部位發送慈愛。不論是骨頭、器官，還是組織不舒服，這一部分的你需要你的體諒。

我最近在健身房鍛鍊時，弄傷了薦骼關節，疼得不得了。就如許多傷痛，那個部位也需要時間癒合。我很懊惱自己得減少運動量。我承認一開始試圖硬撐，不顧症狀，但立刻嚇一大跳，一股尖銳的刺痛直衝我的腿。我的身體在抗議：「我不喜歡被強迫。停下！」我因此被迫重新評估作法。與其抵抗或痛恨這個傷，我開始研究它，找出髖關節喜歡的姿勢，以及哪些姿勢會加重疼痛。我愈是傾聽，就愈感到好轉。幸好幾個月後，疼痛消失了。這次的經歷教會我更加愛自己，對需要關心的身體部位展現同理心。

雖然我很幸運能夠完全復原，我知道若是較嚴重的傷，就需要更長的時間才能恢復，或是可能不會百分之百完全好，那麼治癒之旅會進行得比較緩慢、遇到較多困難。即便如此，當你用愛尊重身體的遭遇，這種自我同理心能促進療癒的過程。

不論是心理、情緒或身體的療癒，療癒自有其時間表。抗拒這一點，將徒勞無功。試圖強迫自己太快復原，或是期待身體超出目前的能力，只會加重不適感。對當下的自己保持耐心。當你決定不再自責，專注於內在的同理心聲音，聆聽該如何對待傷口、疼痛和痛苦，那麼太好了，你做到了。

自我同理心會協助你尊重身體，這個肉身其實只是借給我們使用，是我們暫時的家園。當你開始瞭解這一點，身體的需求將不再那麼煩人，你會更渴望在活著的歲月裡珍惜自己。終有一天，當你即將啟程踏上另一段美好的探險旅程，你必須告訴這位老朋友：「再見，謝謝你。」

我用以下的療癒肯定句，舒緩自己的緊張，也推薦給我的患者。念誦這句話，能快速進入自我同理心，促進痊癒。在一天之中，不斷複誦可以減少不舒服的感覺，或是讓心情好一點。

我深深地呼吸，身體感到放鬆。我要走向健康與自在。

當所愛之人經歷疾病與痛苦，你的自我同理心

目睹身旁的人受苦，可能是最難熬的事。也許是你的配偶有慢性疲勞，也許是朋友正在接受化療，甚至是你的兒子車禍需要動手術。雖然談到同理心的時候，一般會想到我們如何回應他人的痛苦，但身為照顧者和支持者，我們也需要對自己抱持同理心。

鏡像神經元的研究顯示，當我們親近的人感到疼痛，大腦的反應是模仿這種感受。如果對方是你在乎的人，你的同理心會湧出來。愛的人受苦時，我們都會受影響，想要「做點什麼」來幫助他們。這是人類的本能。然而，在健康危機或慢性病期間，以最鎮定、有效的方式來支持自己與他人，將有助於療癒。

碰上這一類情況時，同理心意味著什麼？整體來講，就是要對自己扮演的角色，帶著符合現實的期望，設下良好的界線，並練習自我照顧，不把自己累垮。此外，這也意味活在當下，不胡思亂想未來的可怕場景。

疾病能教會我們重要的事。你可以盡力支持所愛之人，但**無法代替他們痊癒**——即便你希望能夠代替，恨不得受苦的人是你。此外，最困難的一點或許是**你無法控制結果**。這段經歷，需要你愛的人親自去面對和學習，你不能搶過來替他們受，不過你可以提供支持。

當你理解這也是一種自我同理心的表現，你將避免陷入他人的痛苦漩渦，也避免試圖掌控

無從控制的結果。

我有一位患者琳恩，她的丈夫吉姆成功動了大型癌症手術後，又接受好幾個月的放射治療。丈夫的病痛帶給琳恩各式各樣的考驗。她想要支持心愛的丈夫，也確實做到了。然而，日子一天天過去，看著吉姆變得瘦弱、蒼白與疲憊，琳恩感到很害怕。她知道丈夫打起百分之百的精神（我感到很了不起），拿出最積極向上、活在當下的態度。然而，琳恩來看診時告訴我：「我想為他保持堅強，但看到他愈來愈虛弱，我心碎了。我無法看著吉姆受苦。」

我協助琳恩培養自我同理心，以免加重他們兩人的痛苦。我建議她練習每天與心連結，獲得心廣大又無條件的愛。琳恩的需求同樣重要。為了陪伴吉姆，琳恩也必須自救。也就是說，她必須誠實面對自己的掙扎。琳恩告訴我：「看著吉姆受苦，我真的很難過。承認這一點沒關係，但我還是有點內疚。然而，為了能夠陪在先生身旁，我必須穩住自己，照顧好自己。這對我們兩人都有好處，這不代表我對他的愛有所減少。」

琳恩會花時間走進森林，聆聽潺潺的溪水，深呼吸，告訴自己：「我無法代替吉姆好起來或控制結果，但我可以支持他。我會繼續愛他並愛自己。我不會讓思緒忙著恐懼未來。此外，我也會乞求上蒼保佑。」琳恩每天的自我照顧活動，協助她走過那段有時度日如年的時期。

吉姆逐漸恢復精力，癌症好幾年都沒復發，他很感謝這個神奇的重生機會。儘管如此，吉姆和琳恩如今更加深刻地體會到生命的珍貴。診斷出癌症後，尤其是嚴重的癌症，康復的禮物是以「日」來計算。佛教談無常的概念，萬事萬物來來去去。雖然生命中沒有任何事情是一定的，無法保證癌症永不復發，但這對夫婦以及我們所有人，都能從疾病中學到在當下與一輩子珍惜彼此，不把所愛之人或單純活著視為理所當然。

碰上健康危機的人是吉姆，但他和琳恩都需要療癒。我作為醫生、人生伴侶和朋友，我能理解那種衝動，想用百分之兩百的力量，幫助所愛之人康復。然而，我也清楚如果你想讓身為照顧者的經歷，對自己和他人來說都輕鬆一點，那麼絕對不能沒有自我同理心。當你也憐憫自己，你將不再那麼掙扎。你能付出的事不會因此減少，反而是對自己抱持同理心後，更能專心照顧人。

如果所愛之人一直病下去，例如慢性疲勞、疼痛或其他疾病，我們需要對他們、對自己保持驚人的耐力和同理心。我母親過世幾年後，我父親也診斷出巴金森氏症。我是父親唯一的孩子與主要照顧者（我身旁沒有其他家人），我目睹受人尊敬、說話溫和、關懷他人的醫生父親，認知開始衰退，原本敏銳的線性思維漸漸演變成失智症，最後喪失行動能力，需要有人幫忙上下輪椅，連刷牙也得有人協助。

儘管我嘗試獨自照顧父親幾個月（同時還要應付忙碌的精神科執業工作和個人生

活），我很快就意識到自己需要幫手。我在照服機構的協助下，找到一對人很好、充滿愛心的夫婦，可以待在輔助照護住宅（assisted care facility）陪伴父親（我明白這有多幸運，許多人沒有這個選項）。因此有一年多的時間，在這兩位看護的協助下，我有幸在父親身邊經歷這段過程。儘管父親的認知能力逐漸衰退，我們經常只是坐在一起，臉上帶著微笑，度過我永生難忘的父女時光。

對我來說，自我同理心的意思是承認自己感到疲憊、焦慮，以及恐懼失去父親，也意味哭泣、睡覺、冥想，或是和支持我的朋友聊天。當我感到無法再多忍受這段痛苦的經歷一天，或是對父親感到不耐煩時，我會善待自己。因為只有對自己有同理心，對父親遭遇的身心挑戰有同理心，這段旅程才走得下去。

最後，在十一月的一個晚上，我在凌晨三點接到護理之家打來的電話，得知父親心臟驟停，已經離世。在我哀悼人生中這位重要人物的期間，自我同理心持續派上用場。

如果你跟我一樣，也有至親罹患慢性或末期疾病，情緒上的痛苦和疲憊有可能讓你難以承受。然而，如果你能夠想辦法對自己、對所愛之人，以及這個過程抱持同理心，你將更溫和、自在地度過這段艱困時光。

對自身的情緒抱持自我同理心

我們每個人都體會過恐懼和愛這兩種情緒，其他所有的情緒又源自這兩者。焦慮、憂鬱和挫折衍生自恐懼，慈悲、耐心和希望則源於愛。療癒，意味著盡可能接受過去的痛苦和創傷。此外，還得實踐愛的抽離（loving detachment），也就是觀察和感受悲傷或其他難過的情緒，但不讓情緒定義自己。沒有人想選擇創傷的童年或酗酒的父母，但如果這是你的遭遇，這是你需要學習的課題。

情緒是老師，不是專門來折磨你的。話雖如此，情緒可能讓人無法承受。自我同理心可以是簡單承認：「這很難，別把自己逼過頭。」展現善意能協助你保住信念，克服恐懼與其他障礙。

治療受傷的內在小孩

情緒療癒的重要步驟，包括對受傷的內在小孩培養同理心。年幼的你，在童年時期感到受傷、被忽視、被遺棄、不被珍惜或不安全。到了今日，你的內在仍包含這部分的你。實踐自我同理心的同時，重新擁抱這個小孩很重要。不論你的外表看起來有多堅強，你同理這個無辜的孩子。如今你長大了，擁有更多的資源，你必須支持這個孩子，拯救這個孩子，在今天向他們保證：「我會保護你，不讓你再次被遺忘、忽視或受傷。」

你的內在小孩不該為父母的不幸福負責，反倒是你的父母並未一直妥善照顧或保護這個珍貴的你。

你是有力量的成年人，別把人生交給受傷的內在小孩來主導。這個孩子缺乏親密關係或忍受挫折所需的情緒技能。在你治療此生經歷過的任何虐待、忽視或創傷時，核心就是修復這個部分的你。[1]

自我同理心讓你慈悲地看待自己過往的遭遇，放開任何殘留的童年羞愧或不真實的信念。為了做到放手，你必須願意接受一個錯不了的事實：不論是愛自己或是別人愛你，你都值得被愛。

為了助你一臂之力，我想代表我自己，以及那些不肯或不願道歉的人，提供以下的同理心宣言。每當你需要安慰，可以隨時閱讀：

我很抱歉你受了傷

我代表所有傷害過你的人，或是不欣賞你的天賦與敏感天性的人，向你致歉。我很抱歉你受到傷害。我為沒人安慰你或保護你的時刻致歉。我欣賞你，尊重你。請接受我的歉意，我替未能真心理解你的人道歉。你值得被愛，你值得被珍惜。

眼淚的正面作用

在痊癒的過程中，眼淚能以健康的方式排出緊張與痛苦。眼淚是身體釋放悲傷、焦慮、憤怒、憂傷和沮喪的出口。不要忍住淚水。找一個安全的地方讓淚水流出。允許受傷的內在小孩哭泣，允許成年的你哭出來，允許受不了的你哭泣。眼淚也是表達自我同理心的方法。不允許自己哭泣，有可能導致憂鬱或麻木，因而感受不到生命的活力。此外，有時候哭泣流出的是喜悅的眼淚，例如孩子出生的感動，或是度過難關後喜極而泣。快樂的眼淚同樣具有滋養的功能。

我很慶幸我能夠哭。我感到哭泣能淨化我的心，我得以趁機釋放壓抑的情緒，或是從別人那裡「接收」到的情緒——共感人太清楚這種事。好好哭一哭，情緒就不會一直以壓力的症狀待在體內，譬如持續感到疲勞或疼痛。

多年來，我一直認為哭是件好事。事實上，我在加州大學洛杉磯分校的精神科擔任住院醫師期間，曾和督導一起觀看訓練影片，他們提到我在病人哭泣時會微笑。「那種反應不恰當。」他們說。我當時不同意那種說法，現在依然不同意。我笑，不是因為病人在受苦。我笑，是因為病人勇敢用淚水療癒憂鬱等難熬的情緒。我為他們的突破感到高興。我感謝上蒼人體有這樣的能力。我希望你也能珍惜眼淚的療癒力量。

即便無法解決問題，哭能讓我們的心情好一點。淚水除了能潤滑眼睛、帶走刺激物，排出壓力荷爾蒙，情緒性的眼淚也能療癒心靈。患者有時會告訴我：「對不起，我哭了。我很努力不哭。哭讓我感到軟弱。」我明白他們為什麼那樣說：家長看到孩子哭會感到心煩意亂。文化也告訴我們，強大勇敢、「懂得自控」的人不會哭。我拒絕接受這些說法。能夠意識到自身的感受、勇於哭泣的男男女女，才是真正強大的人（儘管他們可能偏好私下再哭，尤其是在工作時間，除非工作環境支持表達情感）。這樣的人令我印象深刻。

我的願景是我們在職場能學著包容流淚。或許我們可以開闢或提倡私密的空間，方便員工在工作壓力太大時冥想、深呼吸、哭泣，或是採取我在前文提過的其他方法，安撫自己的神經系統。

我鼓勵我的患者哭泣。為自己哭，為別人哭，為這個世界而哭。沒關係的。讓你的眼淚流出來，淨化壓力與痛苦。哭泣象徵聆聽自己的心聲。哭完之後，你的呼吸與心率會放慢，處於更平和的生理和情緒狀態。眼淚象徵著勇氣、同理心與真誠。

所愛之人情緒不佳時，你的自我同理心

如果你的伴侶、孩子或朋友正經歷情緒上的痛苦，如憂鬱、焦慮或悲傷，此時不只是他們，你也可能感到難過。此時很難保持界線，因為你大腦中的同情鏡像神經元會不斷啟動，對你愛的人產生同理心。他們痛，你也跟著痛。長期的情緒困擾會削弱你的韌性。碰上這種情形，你可以問自己：「我該如何滿足自己的情緒需求，進而幫助我愛的人？」

自我照顧不會讓你變得不夠有同情心或者自私。承擔他人的痛苦不是你的責任，就算你真的這樣做也不會有用，最終只會讓兩個人都受苦。你能幫的最大的忙，就是在他們的康復過程中加油打氣。雖然一部分的你想承擔他們的痛苦，或是感到有義務這麼做，但痊癒必須靠本人。

只觀察，不吸收

自我同理心的原則是觀察你所愛之人的情緒，但不吸進自己體內。待在屬於你的情緒

界線那一頭就好，不要闖進別人的車道。

你愛的人的經歷，就是你愛的人的經歷：那是他們的，不是你的！你一開始可能很難理解這一點。然而，如果你真的想幫忙，就必須把你珍惜的人視為獨立的個體，以免陷入同情心倦怠。你要讓他們在治療師、教練或其他醫療從業人員的支持下，找到自己的療癒之路。如果情況不嚴重或是不危及性命，他們選擇自行解決問題，那就給他們時間和空間。你不是他們的治療師，試圖扮演這個角色並不健康。

情緒和身體的療癒通常伴隨著一定的痛苦。包容你愛的人不舒適的狀況，有助於培養慈愛心，但我們必須學著耐心對待他們的痛苦與掙扎，不跟著陷入情緒漩渦之中。話雖如此，這不是要你袖手旁觀。用愛陪伴是極具同情心的療癒舉動，對他們會有幫助。

不過，有的人從小被迫照顧焦慮或憂鬱的親人，可是這並非孩子該扮演的角色。務必瞭解發生了什麼事，找出你從親人身上吸收到哪些情緒，對自己抱持同理心。

十一歲的我充滿同理心，性格安靜，平時愛看書。掌控家中一切的醫生母親，在四十歲的年紀突然心臟病發作。連續幾個星期，母親胸痛時會要我坐在床邊，握著她的手。在那個令人窒息的房間，遮光窗簾被拉上。我很想幫忙，卻感到害怕與不知所措，擔心母親隨時會離開人世。我坐在床邊時沒有哭。我很緊張，但也深愛著母親。我害怕待在那裡，但我不能離開。

我心想：「真希望爸爸人在這裡。」我的父親是個和善的好人，但是他逃避情緒，又是忙碌的放射科醫生，整天工作，只有週末才會出現。我希望父親出面，或是某個人能夠站出來說，「茱迪斯還太小，不適合待在這裡」，並協助我的母親，但從來沒人來過。我也不曾抱怨。

我沒有意識到自己吸收了母親的情緒。許多敏感的孩子本能想保護他人，減輕所愛之人的痛苦，但他們必須學會設立健康的界線。接下來的一年，我的母親逐漸康復，但在那之後，我有許多年無意間感染了母親的焦慮，卻以為是自己在焦慮。我跟許多人一樣，沒有意識到發生了什麼事，也不知道如何抽離母親的痛苦。我自以為有責任讓母親好起來，即便我不知道該怎麼做。

十年後，我接受心理治療，終於發現該如何釋放自己身上屬於母親的焦慮：第一步是明白那不是我的情緒，將我們母女視為兩個獨立且完整的人。我在那時豁然開朗。如果要在關係中保持健康的距離，這樣的自主性是必要的。

如果你和我一樣，在事情發生時年齡太小，或單純沒準備好處理所愛之人的情緒痛苦，那就先對必須處於那個處境的自己抱持同理心。這件事不公平，但仍然可以幫助你成長。你必須體諒當時的情境。

我們這些渴望療癒的人，在這一點很像：我們在自己或他人的強烈情緒之中，學習保持開放的心。我們找出如何釋放痛苦，追求自由，超越所有的個人傷痛。本書的練習將協助你在情緒考驗中放大格局，讓你用更鎮定的視野走一遭。當你身邊的人表達強烈的感受，在心中默念：「我愛某某某，但我是獨立的個體。我可以同理、支持他們，但不承擔他們的情緒。我會觀察，但不吸收。」

對自己和他人產生同理心，是一種緩慢但明確的變化。我身為精神科醫生，意識到我們對自己有多苛刻。事情出錯時，你責怪自己。即便你發過誓，永遠不要變成父母那樣，仍然承接父母批評的聲音或痛苦的情緒。沒關係的，不要責怪自己。

就算經歷創傷、被人忽視或感到痛苦，你也可以一點一滴開始對自己在人世間吃到的苦，以及你的存在抱持同理心。對自己產生同理心，可能是你感到最陌生的部分，但這是神聖的起點，也是黎明的開端。

自我同理心的禮物：為什麼幫助他人比幫助自己容易

我們似乎都渴望獲得自我同理心的撫慰，可是對許多人來說，對自己有同理心竟是出乎意料地困難，甚至是全然陌生的概念。幫助他人（包括陌生人）通常比幫助自己要容易得多。為什麼我們需要療癒時，自我同理心不是我們首先想到的要素？為什麼對自己好，這麼難？一名患者告訴我：「我已經習慣關心其他每個人，根本沒想過要同理自己。我覺得這麼做很自私。」

看看你是否也有相同的感受，或是符合其他幾種原因：

- 大多數的父母並未示範或看重自我同理心，因此我們不曾學過這件事——但自我貶低的例子竟多到不可勝數！
- 有的人把自我同理心視為軟弱與放縱，或是覺得自己不配得到善待。
- 助人有助於培養自尊，但總是在付出，也可能忽略自身的需求。
- 面對自己的痛苦或不完美，可能會讓人不自在，更別說要產生同理心。

要進行療癒，就得檢視這些錯誤的判斷，這些聲音會阻礙自我同理心。我們不能裝作這些聲音不存在，它們就藏在我們心底深處，堵住通往愛的道路。

我們值得獲得同等的對待。我們如何體諒他人，就該如何體諒自己。養成習慣，每天問自己：「我要如何更善待自己，對自己少一些批評？我要怎麼樣，才能像個好朋友對待自己，就如同我對待別人或動物同伴一般？」

發揮自我同理心，碰到阻力或障礙時，溫柔一點。隨著你逐漸痊癒，你將消除愛自己的障礙，包括過去的創傷或完美主義。

實踐自我同理心的四個療癒步驟

以下的四步驟，示範如何將自我同理心融入日常生活，協助你屏棄從前被灌輸的想法，提升自我對話，喚醒心的療癒能量。

步驟一：和善地跟自己說話

養成習慣，用關懷和正面的語氣跟自己說話。用在自己身上的語言很重要。首先，對自己說「你可以依賴我。我想支持你」，來建立連結。

步驟二：連結你的心

把手放在心口，啟動無條件的愛與同理心，或者簡單想著這塊區域，感受到愛湧出來。你也可以透過呼吸，將這種療癒能量直接送進身體不舒服的地方。不必試圖消除不舒服的感覺，放輕鬆就好，感受心的暖意流向需要幫忙的地方。

步驟三：給自己整體的安慰，說出有同理心的話

壓力大的時候，你永遠可以對自己說幾句簡單的安慰，展開療癒的過程，例如「我很抱歉你必須經歷這些；堅持下去」，或是「我知道你正在受苦，我們會好起來的」。

步驟四：針對具體的事，對自己說出有同理心的話

首先，找出你面臨的困境。接下來，同理自己的感受，同時肯定內心的力量。以下是幾個例子：

- 「男友的拒絕讓我心碎。我需要時間來療癒，但我知道自己有足夠的韌性。」
- 「我在家人身旁有如隱形人，但我不會暗自神傷。不管家人怎麼看，我都會更加坦率地表達我的觀點，對自己好一點。」
- 「我的生活很美好，我覺得自己應該更快樂才對。但偶爾感到不快樂也沒關係，這不是什麼丟臉的事，等我紓壓後就會感覺好一點。此外，我可以尋求協助。」

即使外表看得出來，我們每天都會面臨挑戰。自我同理心能協助你學會安慰自己，成為自己最好的朋友。

實踐同理心，將持續協助你跳脫過度活躍的批判思維，接受心的撫慰。同理心無法強求。同理心是一種恩典，你邀請、祈求、追求並相信這個恩典。

滿懷愛的溫柔道路是心的道路。如果你對生活中的選擇感到困惑，答案永遠是「從你的心出發」。當你清楚認知到這件事，善良、仁慈與同理心等古老的美好價值觀，將引導你的行動。

請運用我的話支持自己，不斷走向同理心。這條路並非一蹴可幾。愈是放慢腳步，愈是保持耐心，就愈能在每個階段的療癒過程中，召喚更多的同理心。

同理心行動時間

用善意開啟早晨，規畫每日的自我檢查

在你醒來的時刻，以及在一天之中，至少從行程當中抽出幾分鐘，用玩心與趣味向自己確認。用善意展開新的一天。問自己：「你好嗎？你快樂嗎？是否感到被責任壓垮？對接下來的會議感到焦慮嗎？什麼能讓你心情好一點？」接下來，同理自己的處境，不要忽視或批評。找出更善待自己的方式。

第4章 移除障礙

治療你的情緒地雷、創傷與恐懼

我非常重視同理心，但有時在生活中，即使我想要有同理心，實在是做不到。這種情形通常發生在我感到憤怒、失望，或是太痛苦的時候。我在十六歲那年經歷過這樣的情況。有兩年的時間，我的第一任男友經常寫情書給我，天天噓寒問暖，但有一天他突然拋下我，轉身和漂亮的啦啦隊員在一起——沒有解釋、沒有分手，也沒告別，甚至不接我的電話。我當時是高度敏感的少女，第一次愛得轟轟烈烈，我的天簡直塌了下來，不曾如此痛苦。要對這個人有同理心？我想都沒想過。

二十年後，這個人聯絡我，說想見個面。於是我們見面喝下午茶，他誠懇地說：「茱迪斯，我很抱歉，那是我做過最糟糕的決定。」他甚至暗示我們應該再續前緣。他的提議讓我非常訝異，我這輩子怎麼可能再次信任他！

也就是在那一天，我終於有機會問出口：「你當時為什麼離開我？」

他不好意思地笑了笑，告訴我：「這個理由真的很蠢。我只是想打進那個受人歡迎的圈子。」而我絕對不屬於那個圈子。在歲月與經驗的洗禮下，我已經遠離痛苦的高中歲月，我懂那種膚淺的高中生價值觀。即便前男友的所作所為不是什麼讓人敬佩的行為，我也能理解他的心情。

雖然沒有好結局，我在那天獲得的成長，協助我走出傷痛。我以為我都忘了，沒想到還能進一步放下這件事。此外，在我們喝下午茶的時候，我終於有機會成功說出：「我對復合不感興趣，也不想保持聯絡。」這句拒絕給了我女性的力量。

為什麼我想要理解初戀的動機？或者試著同理他？無可救藥的行為，不就是無可救藥嗎？或許吧。然而，在面對傷害你的人的時候，即便只是感受到近似於同理心的東西，**你**將能放過自己，不再沉溺於痛苦。對大部分人來說，沒人教過我們這件事，而且似乎違反直覺，但人生就是這麼諷刺：阻止我對第一任男友的動機抱持同理心的障礙，也讓我無法走出傷痛。

選擇同理心，將是你一輩子碰過最美好、也最困難的互動。有一句話說得好，只要你願意，你將不再受苦。你可以從愛出發，達到更高的境界。同理心是一種真正的轉化力量，足以帶來活力與健康。

不過，當我研究談同理心的大眾文章和科學文獻，我很沮喪大部分的內容似乎都是從邏輯出發，講同理心明顯是個「好主意」，所有人都該追求這種利他的美德。然而，那些建議感覺很難做到，而且老實講還滿無聊的。此外，那些文章通常沒談到療癒，我覺得這麼重要的事不能漏掉。我一輩子都在學習同理心，但是對於通常過於學術化的枯燥表達方式不感興趣。我深知不論你是給予或接收的那一方，同理心都與靈魂有關，那些文章無法展現同理心充滿活力的療癒潛能。

因此，為了重新看待同理心，感受到同理心的活力，想一想以下常見的誤解，以及這些說法不正確的原因：

- **同理心會削弱你的批判性思維、優勢或理性：**內在平衡的人能同時運用同理心和理智。你不會失去任何東西。如果你讓心與分析腦同時上場，你會更知道如何應對，想出更聰明、更符合常理的選項，更具備識人之明。
- **同理心只適合「追求靈性」的人士、不食人間煙火的好人，或是敏感的共感人：**沒有這樣的限制。我們所有人都一樣，同理心象徵健康的心理與關懷他人的精神。
- **同理心的意思是替別人做牛做馬，過度付出，把自己累個半死：**設定保護自己的界線，持續做到自我照顧，就不會因為過度付出而被榨乾。健康的同理心可以同時滋養你和對方。你不接受有害的行為，也不背叛自己的需求。同理心反而會激發你心中的療癒力，感覺十分美好，讓你更加沉穩。

- **同理心是弱點，你會變得好欺負：**事實正好相反。健康的同理心不代表事事都要答應，而是給予你勇氣和關懷，從他人的角度看事情。對於該如何回應，你將採取更堅定、更明確的立場。

有可能過度有同理心嗎？

唯有一面倒的給予，才會導致同理心變成傷害。你太關心他人，忘了照顧自己，或是過度把某個人的問題當成自己的，因而失去身分認同與自我。此外，假使別人不想要，卻追著展現同理心，只會讓人感到不舒服，壓力很大。另外，一直對虐待你的人抱持同理心，給他們無數次機會傷害你，也是有害的。你必須具備判斷力，以平衡的方式展現同理心。

常見的同理心障礙與移除的方法

神經科學研究顯示，表達同理心的時候，我們同時會有趨近動機與迴避動機（approach and avoidance）。「趨近」是指由於展現同理心能獲得獎勵，你因此展現同理心，比如研究顯示，如果同理心能強化友誼或其他社交連結，別人因此對我們有好的評價，我們會更積極地表達同理心。另一方面，研究也顯示，如果我們認為同理心在情緒上或身體上過於累人，或是需要付出大量的時間或精力，我們可能會選擇迴避同理心。[1]

多數人天生具備同理心，自然會那樣表露情感。當我們覺得能夠安心展露同理心，想要趨近的欲望或本能會更強，希望向他人展現同理心。然而，也有很多障礙會強化迴避的模式，減少我們的安心程度——代價是我們的健康與人際關係。在閱讀以下描述時，請誠實面對你認為自己遇到的障礙。承認這件事將是一大突破：**沒錯，我就是因為這一點封閉我的心，我想要處理這個問題**。再次提醒，請採取溫和的作法，慢慢改變，真正去改變，最終療癒導致你的愛無法流動的問題。

一、被同理心壓垮

最容易阻止我們流露同理心的障礙，就是害怕自己變得軟弱，接著被壓垮。用愛探索自身的情緒，令你感到太痛苦或不安全，或者你是害怕被別人的問題、情緒化與需求給掏空。親人或同事有可能向你索討很多東西，而你還沒準備好付出這麼多，又不想讓他們失望。如果你在設定健康的界線時，拒絕或明確表示「我只有能力給你這些」，可能會感到內疚，覺得自己是壞人，或是擔心別人不喜歡你。

我是共感人，我知道被情緒淹沒是多麼不舒服，尤其是你所愛之人的情緒。你同理他們，在乎他們，想幫助他們，甚至想替他們解決問題，但這是不可能的。舉個例子，我有患者目睹母親陷入憂鬱，他也開始感到憂鬱，直到他的母親向治療師求助並開始好轉。我還有一名患者的丈夫有強烈的背痛，結果她自己的身體也開始疼痛。你在培養同理心的時候，這些都是可預期的挑戰。你將因此學到設立健康界線與自我照顧的重要性。

此外，朋友或同事有可能向你分享太多資訊，不停談他們的健康、愛情或家庭糾紛。有的人把你當垃圾桶，滔滔不絕講著他們在工作上遇到的壓力，或是鉅細靡遺地描述某種病有多折磨人。你心疼他們，但聽這些事很累。

許多敏感的人和我一樣，容易吸收他人的情緒或身體症狀，一下子接收太多訊息，將導致不舒服的感官過載。我碰過處於那種狀態的患者崩潰地告訴我：「我該如何向別人解釋，我不能待在他們身邊，因為我聽得見烘衣機嗶嗶作響，汽車警報器響起，每個人都太吵了，還有我的腳趾頭一直傳來某種感覺！」這些不是誇大的抱怨。我為了維持平衡，避免感官過載，學到一定要保護自己，不去吸收患者或任何人的痛苦。此外，當外部刺激過於強烈，我會試著遠離那個情境，想辦法減壓。

我就讀於南加大醫學院期間，老師提醒我們有可能患上「醫學生症候群」（Medical Student Syndrome）。從病毒到心臟問題、甚至腦瘤，受訓中的醫生有時會出現正在學習的疾病症狀（曾有研究人員指出，整整有七成的醫學生會發生這種狀況）。這其實是過度具有同理心的表現，即便我們當時不知道可以這樣理解。我們的確很容易被引導，身為充滿理想主義的新進醫生，我們之中有許多人過度關懷病人，太過投入患者的治療，以至於同理心爆棚。

沒人真正討論過，該如何處理這種令人困惑又有點不知所措的現象。我因為有共感人的傾向，容易接收他人的痛苦，因此很容易出現醫學生症候群。此外，我那保護欲過強、但具備慈愛心的猶太母親，遺傳引發焦慮的習慣給我：總是想像疾病「最壞的情況」，例如只是打個噴嚏，卻將之看成嚴重流感的警訊。很遺憾，我們醫學院學生不曾學過要設定明確的界線，或是處理我們對疾病的擔憂，以免耽誤對病患的協助。

同理心沒有開關，你無法一下子完全關掉，或者一下子全部打開，不過可以學著調節。當你同理某個人，你可以充滿同情地告訴他：「我關心你，這是我現在所能做到的。」由你決定要涉入某個情境多深。

有人有很多需求，但不代表你就得幫忙做到。

如果要未雨綢繆、事先設定要給予多少同理心，我建議你記住以下的「權利」。這些權利將協助你維持健康的心態，在壓力大到無法負荷之前，就先打住或減壓。

設定界線，避免過載

- 我有權友善地堅定拒絕。我有權說「不，謝了」。
- 我有權限制我要聽別人講多久他們的問題。
- 我有權休息，沒必要為了每個人隨叫隨到。
- 我有權待在家享受寧靜的時光，讓心情平靜下來。

二、情緒地雷

如果有人踩到你的情緒地雷，你八成無心展現同理心。情緒地雷指的是讓你很容易起反應的事。別人漠不關心、憤怒或不友善的行為或言論，有可能引爆你的地雷。舊的心理模式被觸發時，可能會讓你封閉自己的情緒，或是感到受傷。此外，你有可能被激怒，攻擊對方，事後又後悔不該這麼衝動。你的反應會如此強烈，可能是因為你感到被無視、受批評，或是覺得道理站在你這邊。此外，你可能在抗拒心中湧出的痛苦感受。舉例來說，你被刺激到的原因，可能是同事說：「以你的能力，要升遷再等一百年吧。」或是父母說：「你是誰，憑什麼要聽你的？」你因此感到挫折，想替自己辯解，深覺對方不尊重你。此外，你可能懷疑自己，甚至感到自卑，彷彿你做錯了什麼。

最近，我在某大型科技公司進行同理心訓練的課程。有一名員工提到：「我很難對某位同事展現同理心，因為他總是很負面，還沒聽我講完就開始批評我的點子。」

我明白他的感受，確實是不好處理。

儘管如此，我告訴那位員工：「這是一個機會。同事的那些話，讓你不只是有理由發怒。你可以思考自己為什麼這麼激動。找出原因後，就能開始治癒那個地雷。首先，試著對你的同事展現一些同理心。記住：愛批評的人，通常也最會批評自己。你可以想像他們獨處時心裡都在想什麼！這不代表他們就有理由批評你，但這麼想能協助你以同情心看待他們，不那麼容易被他們的話刺激到。」

對這位員工來講，檢視這個地雷是怎麼來的很重要。我告訴大家：「你們要找出家庭或社會帶給你哪些批評或負面想法，例如『我不配替自己挺身而出』或『設定界線是自私的行為』。」**這些不真實的想法，背後是恐懼與誤解**。我們都有需要療癒的情緒地雷。你療癒自己的地雷後，就不再那麼容易被刺激，或是被別人的行為搞到精疲力竭。你可以嘗試以下的練習。

療癒你的情緒地雷

在日記上列出你的前三大情緒地雷，比如有人批評你的外貌、工作選擇，或是看輕你的想法和感受。接著問自己：「這讓我想起成長過程中的誰？」會不會是家庭成員或老師？虧待你的朋友？把這些寫下來，弄清楚哪些事會刺激到你，接著向自己保證：「這些說法都不是真的。我值得被愛。我理應被聽到與重視。我承諾會對感到受傷的我、覺得不配的我抱持同理心，讓自己痊癒。」

你的目標是漸漸不再那麼輕易受到刺激。為什麼要設定這個目標？因為被激到是很累人、很痛苦的一件事，還會讓你難以對自己與他人抱持同理心。你的心思放在舔舐傷口，沒想到要同理自己，更別說要同理對方。那種人掩飾不安的方法是裝腔作勢，貶低別人，或是把錯推到別人頭上。

當你尊重自己真正的價值，就不會那麼容易反應過度。不再讓別人有能力讓你不舒服，你將感到解脫。他們說的話或許依然會引起你的反感，這可以理解，但你不再那麼洩氣、憤怒，像是肚子被重重打了一拳。你可能需要很大的決心與勇氣才能達到這種境界，但即便接近一點點，也能強化更健康的回應方式。

三、過去的創傷

有時舊的創傷，無論來自童年或日後的生活，都有可能無意間阻礙你如今的同理心。你可能覺得抱持同理心太冒險。如果敞開心扉，可能再次受傷。早期的創傷包括被父母、權威人士或其他的孩子羞辱、指責、霸凌或吼叫。此外，你可能碰上自戀、酗酒，或是對你施予情緒／身體虐待的父母或伴侶，這些人利用煤氣燈效應（gaslighting）[2]、懲罰或其他的操縱手法，削弱你的自尊心、同理心與尊嚴。

你的過去會影響你的現在。我有患者有早期的創傷，他們在治療初期告訴我：「我每天都持續感到害怕，但通常不知道在怕什麼。」他們變得過度警覺，經常掃視四周環境，尋找潛在的威脅，因此很難信任他人或產生同理心。你或許跟我有的患者一樣，每次身處類似的環境時，過去的回憶片段就會突然湧上來，對衝突產生過大的反應。舉例來說，如果你的配偶表現出不贊同或憤怒，你可能會傷心難過好幾天。

如果要療癒舊創傷，就運用慈悲心思考，相關的事件可能仍在剝奪你付出同理心與愛人的能力。你不想讓過去控制你。沒有創傷是微不足道或「太小」的事。如同許多從創傷經驗存活下來的人，你的應對方式可能是變得麻木、收起同理心，或在情緒上迴避某些感受，比如逃避生氣或憂傷，因為太痛苦了。

現在問自己：「我的早期創傷是什麼？創傷是否阻擋我在今天愛自己，或是讓我無法擁有健康的關係？」接著，非常溫和地檢視，你是否準備好治癒這些傷痛。回顧過去的重點是從中學習，而不是沉溺於創傷事件，想著當初「應該」如何如何。此外，過早探索創傷會適得其反。你必須等直覺告訴你時候到了，再踏上痊癒之路。

當你準備好處理創傷，我鼓勵你尋求額外的助力，譬如治療師、創傷專家或靈性顧問，以免在探索這個敏感的主題時，感到不知所措或再次受傷。你不必獨自進行這種深度的療癒工作。

治療創傷的基本工具是自我同理心。你可以從以下的行動步驟開始：

疼惜自己

慈愛地告訴自己：「我對我經歷過的一切充滿同情。那不是我的錯，我沒有做錯任何事。我會疼惜我可愛的內在小孩，他不該遭受這樣的待遇。今日的我會愛他，保護他。此外，我也會疼惜我今日成為的大人。這個大人懂得關心他人。」

四、羞愧自己過度敏感

許多敏感人士在童年和成年時期，因為敏感而遭到恥笑，因此如今不願表達同理心。類似的情形包括父母或教師教訓他們，「臉皮要厚一點」、「你就是太緊張了」或「你想那麼多幹什麼」。也或者，你跟許多敏感人士一樣，永遠感到格格不入，缺乏歸屬感。即便你不是共感人，也可能因為天性敏感被奚落。或許你的確學會厚臉皮，因為你看到哥哥因為是「孬種」而被人霸凌。或許你學會武裝自己，在勃然大怒的父親面前保護自己。

我的父母和許多出於好意的家長一樣，讓我感到性格敏感是件很丟臉的事。我盡最大的努力緊閉心門。如果你也為這種天生的能力感到羞愧，我想讓你知道敏感其實是寶貴的財富。本書介紹的策略將協助你應對相關的挑戰，支持你打開同理心，與敏感的自我建立自在的關係。你的同理心被重新喚醒後，整個人也會更加覺醒。

治療羞愧

與自己約定，重新和敏感天性建立友誼。向自己保證：「我會珍惜我關心人類、動物和大自然的能力。如果我是靠著關閉同理心來度過艱困的童年，我將展開療癒之旅，不再感到羞恥，永遠不再懷有一絲羞愧。」

五、羨慕與嫉妒

同理心能帶來很大的喜悅。當你分享他人的成功和幸福，你將感染到他們鼓舞人心的正能量。當你能替朋友或競爭對手感到高興，不覺得受到威脅或是被比下去，你將感到海闊天空。

反過來說，嫉妒和羨慕會阻擋正能量流入。嫉妒是一種不安全感。你擔心有東西被奪走。舉例來說，你嫉妒同事成功，因為你害怕他們搶走你的工作。另一方面，羨慕則是想要別人有而你沒有的東西，比如名氣、財富或穩固的婚姻。你會因此無法享受替別人開心的龐大好處。同理心會帶來活力。同理心是對所有人的祝福。

憐憫地觀察自己內心的嫉妒和羨慕。在日記裡寫下是什麼引發這些感覺，以及這些感覺是如何阻礙你和朋友一起慶祝他們的好運。接下來，像祈禱般告訴你心中的不安全感：「我準備好放開這些感受。」此外，建立自尊心也能治療同理心障礙。更高層次的你知道，世上的豐裕足夠分給所有的人。拿自己的情況和別人相比，就像比較火與冰。試試以下這個簡單的善良與感恩練習，重塑你的觀點。

強化你的自尊

花幾分鐘專注於你做得好與感謝的事物，別把心思都放在你自認的缺陷或別人的生活上。你下定決心顧好自己的事，不忙著跟他人比較。此外，試著同理自己的壓力、未實現的夢想或遺憾。你愈是喜歡自己，就愈不會羨慕與嫉妒別人——更能夠為別人的成功感到開心。

六、不切實際的期待

對他人保持現實的期待很重要，不能只看到對方最好的一面。許多有愛心和同理心的人容易犯這個錯。把某個人理想化，忽略他們的侷限，最終導致失望。我們所有人都是平等的，沒人比你好，也沒人比你差。如果有人告訴你他們是什麼樣的人，例如「我不擅長付出」，那麼你一定得相信他們。

我的患者珍是聰明、敏感的高階廣告主管。她遇到一個讓她神魂顛倒的男性。「他非常聰明、深情又風趣。」珍說。然而，那位男士也告訴珍（她不願相信）他非常獨立，不想投入穩定的關係。這位男士都明講了，也的確從頭到尾都這麼做——但這不是珍想聽到的。她心想：「只要我耐心等待，有一天我們的愛會改變他的想法。」很可惜結局不是這樣。珍不免極度失望，很長一段時間都感到痛苦和怨恨。

想把別人變成你要的樣子，有可能導致心碎和失望。這就像走進擺滿冰冷工具的五金行，卻期待買到美味的熱可頌和剛煮好的咖啡，這是不可能的事。即便如此，珍還是感到受傷和憤怒，把自己的痛苦歸咎給那位男士。幾個月後，珍才有辦法接受，甚至同理誤判形勢的自己。她承認那位男士很誠實。這是痛苦但有益的一課。珍學會接受現實。

別讓不切實際的期望害自己陷入類似的處境。我明白我們有多渴望愛情或成功。很有可能在一段關係或熱中的專案一開始，就出現明顯的警訊，但我們視而不見。你要保持頭腦清醒與堅強，訓練自己看人的能力，以準確判斷情勢。

面對現實

不管是剛戀愛或相處了一段時間，問自己：

- 我是否看到這個人的全部，也同時看到優缺點？
- 我是否容易幻想，認為一切將如我所願？
- 我是否相信對方對自身的描述，還是我在替他找藉口？
- 我的期待是否實際？
- 我是否注意到任何警訊？

溫柔地評估自己的答案，判斷你目前把對方看得有多清楚。如果你有一項以上回答「否」，那就繼續觀察，努力讓自己的期待更符合現實。

人都是互相的，如果你的愛與忠誠是單向的，不要繼續付出。另外一件要小心的事，就是不要對別人有過高的期待。如果同樣的事情重複發生，你卻期望結果會有所不同，那太瘋狂了。有時擁有同理心的意思是，接受對方盡力了（儘管不夠好），降低你的期待。如此一來，你將能拿出更多的同理心，接受人們能付出的程度，建立更符合現實的關係，即使那不是你希望的。

七、你不喜歡某個人

面對你不喜歡或處不來的人，或是雙方意見不合的情況，比較難產生同理心。同理心的意思很簡單，不論雙方的看法有多不同，或是對方的性格有多令人反感，你都懂他們為什麼會那樣。這裡談的不包含虐待者（第八章會提到）——只談令人煩躁、愛批評別人的普通人，或是其他惹人嫌的行為。記住，我們所有人都有難搞的時刻，人活在世上就是這樣。瞭解這一點，可以協助你更寬容地對待自己與他人。

喜歡一個人往往是個人的偏好。在印度，有的人問候彼此的方式，是小小鞠個躬並說「Namaste」，意思是「我尊重你內在的靈魂」。這不一定代表「我喜歡你」。當你過分堅持不喜歡某個人，有可能演變成怨恨，這時受害的人主要是你。你浪費大量的精力在不喜歡的人身上，這些力氣原本可以用來追求幸福。因此，同理心的好處，有時是帶給你平靜，而不是改變另一個人。即便你不喜歡某個人的性格或生活方式，你依然可以尊重他們的靈魂。

Namaste 體驗

在心中練習對讓你煩躁或不喜歡的人說：「Namaste。」這會帶來更正面的互動，不至於火上澆油。與其強調你喜歡或討厭某個人，不如在心中對他們說：「我尊重你的靈魂和你經歷的困難。我祝福你。」

八、疲憊與過度努力

當你充分休息，身上沒有壓力，就更容易對他人與自己產生同理心。睡眠是你的好朋友。睡眠的治癒功能，來自讓你的神經系統鎮定下來，修復大腦，滋養靈魂。當你獲得充足的睡眠，「明天是全新的一天」這句話顯得更加真實。

此外，匆忙也會讓人拿不出同理心。這裡不是說不要努力工作，只是勸你別把行事曆排得太滿，讓自己感到焦慮、疲憊，動不動就對自己或別人發脾氣。人在疲憊或壓力大的時候，比較難有同理心。

我最近在整理一箱童年的紀念品，發現老師在我五年級的成績單上寫著：「茱迪（我當時的暱稱）是個優秀的學生，但不要把自己逼過頭！」我永遠努力向上，熱愛工作，但我現在學會調整步調，不要把自己搞到精疲力竭。每當壓力大或是把自己逼太緊（大家都知道我有這種傾向），我會變得急躁，缺乏同理心。我不想變成那樣的人。

把睡眠與休息設為優先事項

為了成為最好、最有同理心的自己，請重新評估你的行事曆，加上不工作或不處理問題的時段。活著很累人，休息很重要。你要發誓絕不犧牲睡眠。當你需要修復並重啟大腦、補充精力與打開慈愛心之時，一定要給自己喘息的機會。這些善待自己的方式，可以培養同理的能力。

九、有害的噪音

同理心強的人通常對聲音很敏感，對噪音的忍耐度較低。有救護車經過時，我必須摀住耳朵，因為警笛聲的鬼哭神嚎會直接衝擊我全身。其他刺耳的噪音（尤其是響個不停的），舉凡修路的鑽地機、震耳欲聾的音樂、人們高談闊論、狂吠的狗，都有可能讓你精神崩潰，無法好好思考，更別提產生同理心了。你可能會下意識築起防護牆，變得防禦心很強或封閉自己的情緒。你可以藉由打造最寧靜的環境，尊重自己對聲音敏感的狀態。

研究顯示，噪音會增加壓力、失眠、焦慮、高血壓和心臟病，帶給身體有害的生理影響。[3]長期暴露於過度的噪音，將啟動大腦的杏仁核（恐懼、攻擊與痛苦記憶的情緒中心），導致壓力荷爾蒙飆高，免疫力下降，讓你變得易怒，無力拿出同理心。世界衛生組織（World Health Organization）近日公布驚人的數字，在西歐，過量的噪音與三千例心臟病死亡有關，還縮短了數百萬人的壽命！[4]

突如其來的巨響，還可能觸發創傷後壓力症候群（post-traumatic stress disorder，簡稱PTSD）與恐慌發作，例如煙火或汽車回火，有可能讓退伍軍人的腦中閃現在戰爭期間遇到的大屠殺暴力畫面。聽到槍聲，有可能喚起成長過程中經歷的槍枝暴力回憶。咄咄逼人的聲音，可能會讓你想起童年時父母激烈的吵架場景。巨大的噪音，尤其是突如其來的聲響，將導致你的感知迴路過載，突破你的心理防線，導致一般處於休眠狀態的舊創傷，從潛意識浮出來。

此外，敏感人士也需要更多的時間來處理訊息。暫時放下問題，可以讓你有點喘息的空間，更能理解生活中發生了什麼事。許多人讓頭腦冷靜下來的方法是沉浸於電影或電視節目。這很好，但有時接觸到有毒的聲音後，你只想要安靜。簡單透過在安靜的房間裡休息、冥想或獨處來減壓，都會有所幫助。此外，聆聽冥想音樂、舒緩的有聲書，或是欣賞能提高境界的詩詞與視覺藝術，都可以讓大腦的思緒有機會恢復清明，感到煥然一新，更具同理心。

停下聲音，修復自己

安排安靜的時間，在嘈雜的快步調世界修復自己。這是一種自我同理心的行為，有助於安撫你的神經系統與心靈。

安排至少五分鐘的安靜時間，如果能預留一小時以上的靜默時間，完全沒有人打擾，那就更好了。你可以和我一樣，在辦公室或臥室的門上，掛上「請勿打擾」的牌子。在這段重啟自己的時間，正式逃離世界，外界的要求與煩人的聲音一概消失不見。你也可以考慮用抗噪耳機隔絕噪音。

如果太安靜會讓你不安，也可以在附近的公園或寧靜的社區散步，擺脫過度的聲音刺激。簡單把注意力擺在跨出的一步又一步。這叫正念行走（mindful walking）。無需做任何事，也無需扮演什麼角色。慢慢走著，避免交談。如果有思緒跑出來，就把注意力重新聚焦於你的呼吸，感受每一次的吸氣和呼氣。僅僅是讓生活沉澱下來，就能協助你復原身體的活力與同理心。

學著對人與人之間的差異抱持同理心

你以為的差異或真實存在的差異，有可能成為同理心的障礙。研究顯示，不符合自身經驗的情況，會讓我們更難產生同理心。相較於可能存在差異的領域，我們通常會向相似的事物尋求慰藉，因為可以預期會發生什麼事。如果你想增強同理心，就要留意這種先入為主的情形，向你起初不瞭解的人敞開心扉。此外，你可以學著同理自己的獨特之處、需求，以及和別人不一樣的地方。

舉例來說，不是每個人都用同樣的認知方式看世界。神經多樣性（neurodiversity）帶來多種豐富的認知風格，例如「自閉症類群障礙」（autism spectrum disorder，簡稱ASD）和「注意力不足過動症」（attention deficit hyperactivity disorder，簡稱ADHD）。每種風格都有自己獨特的天賦和挑戰。[5]舉例來說，某些自閉症患者需要住院治療，其他患者則可以在世界上過著更複雜的生活，甚至展現天才潛能（ASD的一種，先前被視為跟亞斯伯格症候群有關）。著名的「亞斯人」包括蘋果的賈伯斯（Steve Jobs）、特斯拉（Tesla）的馬斯克（Elon Musk），以及受人愛戴的自閉症教育家葛蘭汀博士（Temple Grandin）。

總而言之，以同理心看待神經多樣性的同事、親友或你自己是件好事。我們要尊重各種認知風格，而不是視之為劣勢。接下來的章節，將介紹如何培養同理心，以尊重不同的認知風格。

培養同理心

如果要培養用同理心看待與你不同的人，第一步是尊重對方當前的狀況。舉例來說，如果某個人屬於自閉症類群，你展現同理心的方式，可以是照顧到他們的身體或情緒需求（可能與你不同）。你可以放慢速度，瞭解他們的節奏，配合他們的步調，而不是期待他們的回應方式跟你一樣。你問了他們問題之後，耐心等待回應。有的自閉症人士可能需要更多時間，才能理解並回應你說的話。

此外，碰觸、刺探性的眼神、噪音與混亂的環境，通常會過度刺激到自閉症人士。一般來說，除非你向本人確認過他願意讓你這麼做，否則最好不要貿然擁抱。即便對方無法以口頭的方式溝通，從你的心出發，接受他們，對他們感到好奇。你們是在相互學習。這是一支持續連結與尊重彼此的舞。

我經常被問到，共感人和高敏感人士是否也在自閉症光譜上，因為他們有著類似的感官過載傾向。我發現某些共感人有自閉症，但自閉症類群的人，不是典型的共感人。

我曾經有幸與葛蘭汀博士交流。她是科羅拉多州立大學（Colorado State University）

的動物科學教授，曾經公開分享她的自閉症經歷。葛蘭汀博士告訴我，當她看到動物或人們受到傷害，她也會感受到那股疼痛，立刻出現想伸出援手的同理心。她將自己的情緒視為「短暫的雷陣雨」。她表示：「我更活在當下。」雖然自閉症人士的情緒反應可能較少（不一定較沒同理心），這在緊張的情境下能幫助他們穩住自己。關於同理心與自閉症的關係，未來的科學研究會有什麼樣的發現，令人拭目以待。

我希望本章節提供一個有用的起點，協助我們用同理心對待彼此的差異。許多神聖與複雜的多樣性主題，都需要我們付出同理心，包括有著微妙差異的種族、族群、性別、性向、神經多樣性等等。雖然完整探索這些主題，超出本書的探討範圍（我鼓勵你尋找現成的優秀資源，瞭解認知功能的豐富多樣性），同理心可以協助我們在這些領域理解自己和他人。目標始終是移除阻礙，讓我們的心不再緊閉，不再助長彼此的誤解，且帶來更多的尊重、包容和愛。

檢視常見的同理心障礙時，記得要持續評估這些障礙在你生活中的影響。這是一個溫和與持續探索的過程。接受你當前的狀態，下定決心療癒任何障礙。我不希望這些障礙讓我在生命中無法造福他人（這是有可能的），限制我對自己與他人產生的同理心。

因此我持續自省。每當我很難或拒絕付出同理心之時，我會暫時相信自己。在那樣的時刻（總有那種時候），我需要休息與振作。接著重新站起來，拍拍身上的塵土，繼續在治癒的道路上前行。

毫無疑問，同理心在我們的人生當中，是多多益善。同理心是值得培養的基本美德，使我們積極向上。我希望你能把同理心與治癒自己當成最重要的目標。每當你遇到同理心障礙，記得停下來，溫和耐心地對待自己，不強迫自己，永遠對自己展現慈愛。只要你親近愛，呵護愛，愛就會持續增長。

同理心行動時間

表揚進步

今天和每一天，你都可以說：「不論是什麼阻攔我，讓我無法意識到自己是有價值、有同理心的人，我都會想辦法療癒這件事。我並不完美。我會抱持慈愛之心，逐步探索我的人生挑戰，以及我需要成長的領域。從今往後的每一天，我會持續好起來。我的同理心正在覺醒。我會意識到自己的進步。」

第二部

療癒你的關係

第5章 同理心傾聽的藝術

如何留出支持他人的空間

當有人真正聽你說話，那種感覺極其溫暖與美好。你不需要爭取對方的關注，他們也不會故意跟你爭論，或是滔滔不絕地談論自己，提供不請自來的建議，而是單純以慷慨、接受和支持的方式，陪伴在你身旁。

同理心傾聽是指透過高品質的陪伴，把注意力放在對方身上，協助他人療癒。你有自覺地將時間、專注和同情心，奉獻給需要被傾聽的人。你放慢腳步，在不受干擾的情況下，完全投入當下。不看訊息，不上網，不看電視，不打量周遭環境，不接電話。你保持安靜，努力理解對方，專心在場。

我將教你如何用理性，也用心和直覺理解別人的話——以及未說出口的訊息。你不需要同意對方，甚至不需要喜歡他們，但他們會感到被聽見，而你也會從更符合現實的角度，瞭解他們為什麼會那樣想。真正理解某個人的觀點之後，將揭曉有哪些新的方法，可以用來理解彼此。

在工作、親密關係與生活的各種領域，同理心傾聽是有效溝通的祕訣。《哈佛商業評論》（*Harvard Business Review*）指出，最好的傾聽者會保護人們的自尊心，讓他們感到被理解。[1] 當人們（包括你的配偶、朋友、同事）感到沒人聽他們說話，或是你對他們的感受指手畫腳，他們可能會變得沉默或生氣，接著悄悄縮起來，甚至放棄與你建立親密信任的關係。那不是你要的結果。你的目標是讓對方感到被重視，尤其是起衝突的時候。知名主持人歐普拉（Oprah Winfrey）曾說：「我在這個電視節目上，與近三萬人交談過。這三萬人有一個共通點：他們都渴望被認可。他們想知道：『你能看見我嗎？你能聽見我嗎？我的話對你來說有意義嗎？』」[2]

我們會想找誰聽我們說話？父母、老師、醫生、靈性導師、好友、家庭成員。此外，別忘了無條件愛我們的動物夥伴。當我們受傷或對活著感到迷茫，可以向牠們傾訴。我在讀醫學院與談戀愛的期間，我的靈魂伴侶小狗派普（Pipe），始終忠實地聽我述說種種痛苦的遭遇。動物是極度愛你的專心聽眾。

此外，你也可以考慮尋找超越世俗的聆聽者（或許你已經認識了），透過在心中祈禱，與祂們連結。不論你要稱祂們為天使、愛的力量、祖先、神靈或上帝，只要你願意，祂們會耐心聆聽並提供撫慰。

我最喜歡的電影《欲望之翼》（*Wings of Desire*），講述天使在柏林圖書館的屋頂俯瞰人間，聽到人們說的一切。天使是慈愛的守護者，祂們的任務是傾聽並提供安慰。在你也需要安慰時，可以呼喚這樣的傾聽者。

本章的重點是重拾同理心傾聽的藝術，以免**失傳**！在這個高度理性的世界，人們崇尚科技與「秒回」，但我們必須意識到以這種速度運轉的缺點。一點也不令人意外的是，研究顯示發送簡訊與過多的螢幕時間，有可能削弱我們的傾聽能力。我們愈是用通訊技術取代真正的溝通，就愈少聆聽。我們能維持注意力的時間變短，同理心變少，還有資訊過載的問題。[3]我們在享受科技帶來的好處時，也要留意這個相當真實的危機，提供別人需要與應得的高品質注意力。

我的母親在一九五〇年開設家醫科診所，當時的生活節奏比現在慢很多。母親教我用同理心傾聽。一九六〇年代還是個害羞小女孩的我，坐在母親的白色凱迪拉克敞篷車一起出診。我們會駛過兩旁是棕櫚樹的羅迪歐大道（Rodeo Drive），前往位於山丘的貝萊爾社區（Bel Air）。母親有一個用了很久的黑色醫療包，裝滿聽診器、反射錘和繃帶等工具。我感到著迷，平時會趁著沒人注意，在房間裡拿出來玩，感受那些醫療器材的力量。

母親出診時，我則默默坐在一旁，敬畏地看著母親緊閉雙眼，皺起眉頭，靜靜聽著病人的心臟和肺部，一聽就聽很久。有時，母親也會聽病人講述自己的故事，包括他們的家庭、恐懼和症狀。接下來，母親會回應他們擔心的事。有一次，讓人超級興奮的一天，母親甚至帶我去醫院探望她的病人——搖滾明星米克・傑格（Mick Jagger）！母親還為他煮了雞湯。母親是我的榜樣，教我很多關於同理心的事，也教我如何成為一名好醫生。

我因為是精神科醫生，接受過專業的聆聽訓練。聆聽對我來說，是極具滿足感的任務。在過去的三十多年間，我在診所和工作坊不斷精進運用同理心的技巧。坐在我對面的患者與工作坊成員，有的處於最脆弱、痛苦的時刻，也有人處於快樂和恩典的時刻，我認真聆聽他們的故事、真心話、掙扎，以及痊癒的決心。我和患者相處時，會把自己擺到一旁，包括我的問題、煩惱、心酸與痛苦，將全部的注意力放在患者身上。在那個小時，患者成為我的宇宙。我全神貫注，時間彷彿停止，我們唯一擁有的只有當下。

治療是神聖的使命。房間裡永遠不只有我和病患。在那些神聖的會面時刻，現場永遠有神聖的幫手，我稱之為更高的力量。有了這股力量的協助，我能擔任患者的嚮導，聆聽他們想說的話，不過我的角色不是治癒他們。當患者感到痛苦或困惑，我替他們照亮前路，提供方向。情緒與身體的痛苦，需要時間來解決。我很榮幸能在他人的療癒過程中，陪他們走一段路。維持明確的角色界線保護了我，讓我不致吸進患者的壓力。

同理心傾聽可以同時療癒給予者與接收者，但是一定要瞭解自己的極限在哪裡，小心判斷該花多少時間與力氣。你可能納悶：「我要如何聆聽別人的爭執、痛苦或疑惑，但不被壓垮？我該聽多長的時間？我如何學著用直覺解讀一個人，把他們聽得更清楚？」我們將一一探討以上所有的問題，讓你把同理心傾聽安心地運用在人際關係。

替同理心傾聽做好準備

大多數的人都沒受過認真聆聽的訓練，但這件事可以學習。海明威（Ernest Hemingway）在小說《渡河入林》（*Across the River and into the Trees*）中建議：「別人說話時聽就好，別想着接下來要說什麼。」[4]

一開始練習同理心傾聽時，只需要拿出支持的態度，不妄加評斷。我們要尊重另一位人類同胞。他眼前的日子不好過，或是想要解決某種衝突。可能是討論你父母要來的時候，配偶覺得你沒在聽他說話。或許是完成專案時，合作的同事感到沒人重視她的貢獻。花時間聽另一個人說話，是在給予他們表達自己的空間。此外，人們也喜歡分享快樂時刻與重大突破，例如求婚、升職、天地一沙鷗的美景。聆聽他人的快樂，也是一種服務人群的美好方式。

聆聽和說話非常不一樣。聆聽是一種**非口語**的安靜練習，要學著專注於當下，不轉移注意力。這也稱作「被動傾聽」（passive listening），不同於「主動傾聽」（active listening）。主動傾聽的意思是你會提問，討論對方分享的事（我覺得很有趣，英文的「沉默」〔silent〕與「聆聽」〔listen〕是由相同的字母組成，只是順序不同！）維珍大西洋航空（Virgin Atlantic）的創辦人理查・布蘭森爵士（Sir Richard Branson）表示：成功領導者的祕訣是「多聽少講」。[5]當你不先入為主，拿出同理心陪伴，就會發生奇妙的事。

我曾經在人生的十字路口，有幸得到這種深刻的傾聽。我在一九八〇年代認識我親愛的朋友兼導師史蒂芬・A・施瓦茨（Stephan A. Schwartz）。施瓦茨是未來學家、學者和穿著狩獵背心的冒險家，他致力研究更高的意識狀態。我們經常在洛杉磯市中心的一間日式料理店見面。他會優雅地聆聽我各式各樣的擔憂。我當時害怕「出櫃」會不好，不敢表明自己把直覺用在病患身上。我擔心人們會覺得直覺是不值得信任的工具，我極度擔心醫界同仁會怎麼想。

此外，史蒂芬也聽我講述，小時候，直覺夢境成真會令我感到羞愧。我的父母對我的夢感到十分不高興，告訴我：「在我們家，永遠不准再提這些事！」有好多年的時間，我都默默忍受折磨，懷疑自己有問題。令我訝異的是，我以為史蒂芬聽到這些事會被嚇跑，但他沒有。

我們一起吃飯，面對面坐著。我向史蒂芬坦白自己的祕密和恐懼，他則靜靜聆聽。對於多年壓抑直覺聲音的我來說，這是極度療癒的體驗。史蒂芬從不打斷我，甚至會寫筆記，記下我說的話。他告訴我：「茱迪斯，我想記住所有的事，方便之後討論。我會教妳如何把直覺運用在患者身上，也應用在其他事情上。」這時一股暖流湧進我的心。我不記得曾經感受過如此無條件的傾聽。

我們可以提供彼此這種程度的陪伴。同理心傾聽的形式很簡單：一個人認真表達對某個議題的看法，另一個人聆聽，但不進行口頭上的互動。在對方講完之前，盡量不開口，但可以偶爾點頭示意、給予溫暖的微笑，或者簡單說「我懂」，對方就會知道你認真在聽，心思沒飄到別處。對方分享完畢後，如果請你簡單給一些意見，或是替他們加油打氣，而你也覺得合適的話，可以那麼做。

理想情況下，你有辦法自行決定最理想的碰面時間與地點，挑個雙方都方便的時候。不過，如果是必須馬上處理的危機，例如醫療狀況或爆發人際衝突，那就不一定能等。在這種時候，你需要判斷是否有時間立即聯繫，就算只是幾分鐘也好——接著開始傾聽。你們可以等到之後兩個人都有空，再次碰面。不過請注意：這不是治療時間，也不是批評現況或指出對方錯誤的時機。這主要是一種純粹的傾聽練習、一種健康的給予。

你可以試著遵守以下幾項原則，在互動前與互動期間，建立合適的心態。

遵守同理心傾聽的規則

要做的事：

- 替對方創造安全的自我表達空間。在私密的氛圍中，人們較能放心吐露心聲，不怕被評判或質疑。
- 多聽少講，保持安靜。
- 要展現寬容。
- 用友善的語氣說話。
- 拿出愛與接納的心態。
- 展現你的關懷和興趣。
- 與對方的眼神溫和地交流。

不要做的事：

- 試圖修復或治癒對方的痛苦。
- 把自己變成對話的主角，分享你碰過或聽過的類似遭遇，或者表示自己比對方更慘。

- 提供不請自來的建議，說明哪個辦法對你有用，或是告訴對方該怎麼做。
- 打斷、插進你的想法、接話，或是壓過對方講話的聲音。
- 糾正對方說的話或表達方式。
- 批評、貼標籤，或是認為這件事沒什麼。
- 煩躁不安、打哈欠、看手機或表現出一臉無聊。

在所有「不要做」的事項中，最容易讓人惱火的，似乎是自顧自地過度分享你或其他人的類似經歷，把焦點轉移到自己（聆聽者）身上，例如：「你覺得這樣就叫慘？聽聽珍的遭遇！」

當你對朋友的遭遇心有戚戚焉，你會很想為了幫忙而分享自己的經歷。然而，做同理心傾聽練習時，不適合這樣做。你可以說：「我能理解你的感受。我也發生過類似的事。」接著就停下來。等到適合提更多細節的時候，你可以詢問：「如果我分享自己類似的經歷，對你會有幫助嗎？」依據對方的反應，再決定要不要往下說。

在同理心傾聽的過程中，你需要暫時放下腦中的念頭，把注意力擺在對方的狀態和他們說的話。讓他們成為你的世界的中心，在他們碰上問題時，給予適當的尊重。

同理心傾聽的十步驟

「保留空間」（holding space）是一種同理心傾聽的練習，你提供真誠、支持和冷靜的陪伴，但不試圖解決對方的問題或消除他們的困擾。無論何時，同理心的智慧在於放下評判的自我，以同情的態度傾聽他人的感受與觀點。

分享者和你起個人衝突時，尤其要注意基本規則包括：不責備、不羞辱、不憤怒、不攻擊。你要在這些限制下，用開放的心態替他們保留空間。這更多是關於「狀態」而非「行動」。你的態度會讓一切不同。你傾聽的主要目的是理解，不一定要回應。以下描述的十個步驟，提供保留空間的整體結構，引導你在多種情況下進行這項練習。[6]

步驟一：保持中立，擔任見證者

你作為傾聽者，見證他人的煩惱或疑惑（或者是喜悅！），不過度涉入，也不需要介入。你關懷對方，提供幾句支持的話、微笑或點頭。你傾聽是為了同理，不是為了回應對方的話或試圖扭轉乾坤。一名工作坊參加者告訴我：「我不需要解決辦法。我只想要有人聽我說話。我通常可以自行解決問題。我主要是需要有人安慰我，告訴我一切都會沒事，讓我知道朋友就在身邊。」

你身為見證者，要觀察、留意對方的肢體語言、語氣、種種情緒、能量和目標，才能「看見」他們，同理他們的處境。保持慈愛的專注本身，就是療癒的行為。

步驟二：練習接受

盡量包容你從前沒接觸過的不同想法，或是對方讓你不舒服的邏輯。萬一朋友說：「雖然我咳得很嚴重，我不要戒菸。」或是：「我可以繼續恨我的前老闆，這是我的選擇。」那就靜靜聆聽。你不需要同意朋友的觀點，也不需要接受他們的立場。有時你會因此學到不同的傳統和信仰，其他時候則只是單純蒐集訊息，對他們的痛苦表示同理。痛苦有可能導致堅持己見或損人不利己的決定。

傾聽就是那樣而已：單純地聆聽。找出對方的出發點。盡量保持耐心，不做反應。避免過度關注讓你聽了不高興的評論。深呼吸，讓那些話流過去。你可能偷偷在想：「這個人真離譜！」但仍要不斷回到你的心。

別忘了整體的原則：除非你經歷過他人的處境，不然不要評判**任何人**。我的意思不是接受虐待或暴力，但傾聽他人能協助你依據完整的資訊做決定，找出你能否提供支持，方法又是什麼。對方可能需要專業的協助。沒有人是完美的，我們通常都盡力了。儘管如此，有的人有嚴重的情緒問題，導致他們就算「盡了全力」也不理想。即使你不清楚具體的細節，你至少可以努力同理（但不是替他們找藉口）導致他們心靈封閉或缺乏良知的原因。如果對方是誠心分享，那麼為了這個傾聽練習的目的，就讓他們表達自己的觀點。

接納是強大的同理心傾聽工具。我有一個朋友是物理治療師，最近剛拿到功能醫學（functional medicine）的博士學位。她為了自己的私人診所學習新知識，也希望順便治療自己嚴重的偏頭痛。她說：「有的同學完全接納我的治療流程，和我的家人形成鮮明的對比。我的家人不太能夠同理，他們認為我需要『堅強一點，快點好起來』。相較之下，朋友則以我不曾遇過的方式傾聽我，給我很多鼓勵。這幫助我治療疼痛的效果，甚至超過我學到的那些頭頭是道的學術新知。」

當你拿出同理心傾聽某個人，千萬別低估對方感到被接納的療癒力量。精神科醫生卡爾．梅寧格（Karl Menninger）說過：「傾聽是奇妙的磁鐵，是一種創造的力量。我們會親近聽我們說話的朋友。有人聽我們說話時，我們會成為自己，展現更多的內在面向。」[7]為他人保留空間的同時，請留意你能帶來的療癒影響力。

步驟三：設定時間、地點與限定時長

請記住，儘管很多好人往往會這麼做，但不是每一個需要幫助的人，你都一定要傾聽。選好你想傾聽的對象、時間長度（如十五分鐘或你感到合適的長度），以及決定要在何時何地見面。記得選擇不會被打擾的私密空間。開放性的分享可能會拖得太長，令人感到疲憊，所以最好明確設定何時要結束。如果對方在結束時想聽你回饋，可以再挪出五分鐘（記住，這個練習主要是傾聽，不是回應）。

以下是這種對話可能的進行方式：

分享者：「我最近和朋友起了嚴重的爭執，想找你聊一聊。」

傾聽者：「好，我們來約個兩人都方便的時間。等一下下午四點，在我辦公室談個二十分鐘怎樣？」

分享者：「太好了。」

傾聽者：「你想要我回饋，還是只需要聽你講就好？」

一旦決定好這些事，架構也就定了。一定要找你沒有感到疲憊、飢餓，或是被其他事追著跑的時間，才有辦法當個稱職的聆聽者。雖然隨意聚一聚也能運用同理心傾聽，但這種設定好的架構，能讓雙方都更進入情況。

步驟四：只談一件事

講好你們這次要談哪一個主題。如果分享者試圖拋出一連串的問題，談話對你們雙方來講，都會缺乏效率又累人。如果分享者從「我覺得我姊不珍惜我的付出」，跳到「我媽感冒很嚴重」，又跳到「我的主管煩死了」，那麼一次的傾聽時間，根本講不完這麼多事。如果分享者偏離主題，你可以微笑並溫和提醒：「讓我們專注在一個主題就好。」聚焦於明確的一件事，將帶來最好的結果。

步驟五：創造安全的空間

開始分享時，對你傾聽的人展現無條件的正面關懷，讓他安心地表達自己。協助他感到被重視和尊重。許多人鮮少獲得這種待遇，但很渴望。暫時放下你自身的問題或困擾。專注於你的呼吸，穩住自己並放鬆。充滿關懷的陪伴能協助分享者感到安心。

步驟六：留意對方的肢體語言

在聆聽的過程中，觀察對方的肢體語言和語氣，訓練自己同時聽見對方說出口與沒說出口的話。以下是一些例子：

- 交叉雙臂或雙腿通常是防備的姿態。
- 縮進椅子可能是自尊心低落或疲憊的表現。
- 抬頭挺胸一般代表自信和活力充沛。

- 大聲講話，有時可能是在試圖主導與掌控。
- 以撫慰的語氣說話，可能代表內心平衡，以及整個人感到平靜。
- 說話速度過快、導致聽的人幾乎無法理解，通常是焦慮、緊張或壓力大的跡象。
- 小聲說話或語氣很平，可能是害怕表達感受。

步驟七：聆聽你的直覺

聆聽你的直覺，有助於判斷對方的內心狀態。這是在以非口語的方式表達同理和理解。運用直覺，問自己：「直覺告訴我關於這個人的什麼事？我是否感到糾結或肚子不舒服？」如果是的話，大概是你的身體感應到他們的不適。如果你的腸子感到放鬆，代表對方也感到放鬆。此外，請關注對方的精微能量。他們是否散發暖意？憤怒？悲傷？恐懼？你在傾聽的過程是感到振奮，還是疲憊？這也可能反映出他們對人的影響。他們的話語是否匹配他們的能量？如果不相符，或許代表他們並未說出真實的動機或感受。另外，留意你是否「心有靈犀」或是接收到影像，比如瞬間感到孤單，或是看見對方很想造訪的山間溪流畫面。這樣的直覺能協助你更完整捕捉到某個人的經歷。

步驟八：練習愛的抽離

愛的抽離（loving detachment）是指拉開健康的情緒、能量與身體距離，設定優雅的界線。這是一座橋，不是一堵牆。不是孤立，也非無情，而是當你適度後退，就不會過分把別人的苦難當成自己的。人們在分享生病的痛苦，或是過度工作有多累人的時候，你不會把他們的壓力當成自己的，吸進體內。

透過愛的抽離關心對方，不過分把他們的掙扎當成自己的。在心中強調：「我是獨立的個體。這是他們的經歷，不是我的。」

熟能生巧。如果分享者感到悲傷、生氣或沮喪，那就保持愛的抽離。為了拉開最佳距離，你可以選擇坐在幾英尺外，或是更遠一點，也可以透過電話或 Zoom 做視訊交流。此外，在面對面或線上交流時，你可以閉上眼睛片刻，想像對方坐在一個圓圈的中央，你在圓圈之外。這兩種策略都有助於觀察他們的痛苦或挫折，但不至於化身為他們。

有的時候，如果對方哭了或明顯變得非常焦慮，傾聽可能會讓你跟著情緒緊張。如果你是偏好理性的認知型同理心，或是容易感官過載，對方的強烈情緒有可能讓你感到無力招架。此外別忘了，別人最讓你不舒服的特質，通常是你自己尚未痊癒的地方，也可能最難抽離。如果你開始感受到對方的情緒，那就運用下一個步驟的保護策略，協助自己抽離。

步驟九：運用「觀呼吸」與「防護罩」兩項保護技巧

在保留空間的過程中，持續留意自己的呼吸。你可能和許多人一樣，緊張或壓力過大的時候，呼吸會變淺，或者身體會緊繃，所以你要持續呼出任何的不適、憤怒、恐懼、焦慮，或是其他你正在經歷的情緒（有可能是你從分享者那裡接收到的）。這能協助你在傾聽時，即使情緒變得強烈，也能穩住自己並放鬆。

此外，為了保護自己，你可以想像一個金色光圈，包住你的整個身體並向外延伸幾寸。想像那是一個防護罩，幫助你抵擋壓力，免於接受過度的刺激，但照樣能夠享受分享過程中的溫暖，以及帶來啟發的部分（更多的保護技巧，請參考《共感人完全自救手冊》）。

防護罩不會斷開你與他人的連結，只會擋下令人不舒服、過多、導致你無法專注於當下的東西。

步驟十：結束對話

約定好的傾聽時間快結束時，可以輕聲提醒分享者：「再五分鐘，我們就要結束了。」讓分享者收拾思緒與情緒，開始收尾。最好遵守約定的時間，不要延長。如果還想談別的事，可以稍後再一起決定要怎麼約。先讓這次的傾聽有頭有尾，圓滿結束。

不一定要給意見

分享結束後，詢問對方是否想要一些意見（不是每個人都想要聽）。如果他們想聽，那就花幾分鐘提供簡短具體的回饋，例如：「聽起來，你做了很好的決定。」如果你給自己聽完、必須提供正確意見的壓力，你可能會對施展同理心感到卻步。不必給自己這種壓力。同理心可以只是承認某個人的感受，或是願意理解他們。由於許多人習於被批判、批評或者聽命行事，他們會感激你單純對他們表示慈愛。

在這個傾聽練習，少說即是多（下一章會討論如何提供更長的回應）。只講幾句和善、表達支持的話就夠了，例如「謝謝你信任我，願意分享你的經歷」或「我懂這對你來說有多不容易」。你也可以向對方求證：「讓我確認我是否理解正確。你的意思是……」確認他說的和你聽到的是同一回事。如果你需要更多時間思考對方分享的內容，可以表示：

「讓我消化一下，我會很快回覆你。」永遠不要勉強自己說出任何話。

此外，你可以應對方的要求，簡單表達看法。人們經常會問：「我該怎麼辦？」例如：「公公常批評我，我該怎麼辦？我試著和他溝通，但他不肯改。」首先，永遠認可對方的感受，接著提供一句簡短、有同理心的話。以這個例子來說，你可以說：「我知道被批評的感覺很不好，但如果他那麼固執，期待他改弦易轍大概不太實際。就算真的有心改變，改變也沒那麼容易。」說到這裡就好，不要被朋友的痛苦帶著走。此時，保持界線能促進健康的溝通。

學會同理心傾聽，以及替他人創造空間，能讓你更加關懷各式各樣的人。持續練習，你將體會到各種好處。別忘了重點是療癒。藉著把注意力明顯放在對方身上，帶來關懷的感受。愛有許多表達方式，這是其中一種。你在傾聽時，永遠意識到那份愛，放手讓愛流動。你的意圖很純粹時，就能把同理心的療癒力量送給對方。

以下這段取自一行禪師《請以真名呼喚我》（*Call Me by My True Names*）的文字深深打動我，表達出我們渴望被聽見的心情：

> 我需要你傾聽我。
> 因為無人聽我說話，

也無人理解我的痛苦，
包括那些說愛我的人。[8]

我永遠謹記在心，彼此傾聽與好好溝通有多奇妙。從生物學的角度來看，我們這個物種已經演化到一旦學會一定的傾聽技巧，就可能出現同理心的突破。如同我們聆聽鳥鳴、風聲、海浪與上蒼，我們也能聆聽彼此。我能與你共鳴，你也能與我共鳴，因此讓我們在演化成具同理心的人類時，用耳朵聽，也用心聽。

同理心行動時間

為某個人保留空間

在今天聆聽某個人的掙扎或成功。放輕鬆，隨意一點。讓思緒靜下來，完全專注於當下。別過分投入或試著解決對方的問題。只要認真聆聽他們的遭遇。保持中立，你是見證者，不評判，不必給予「有建設性」的意見。你散發愛的能量，讓他們自由地做自己。以這種方式替他人保留空間，對雙方來講，都會有療癒的效果。

第6章 在親友與同事身上運用同理心（就算你不喜歡他們）

人類天生渴望獲得連結、認可與歸屬感。

或許你希望有能講心事的知己，或是親人能抱抱你。你可能希望手足停止爭吵，家庭和樂。又或者，你希望職場上的團隊成員，尊重彼此的意見。第一步是找出你想看到的改變。不過，要建立更幸福的長期關係、化解衝突，同理心是關鍵。

在日常生活和工作中表達同理心，有著奇妙的療癒效果，不僅能和你愛的人建立和諧的關係，甚至你不喜歡的人，也能和平共處。

同理心的智慧讓人得以打開心，化解人際關係不免出現的齟齬。同理心能撫平最尖銳的稜角，也能感化身上刺最多的人。此外，也讓你避免做出後悔莫及的事。

以我的患者凱莉為例，她剛開始婚姻諮商的時候，火力全開，準備好和先生彼得對抗。她開始斥責彼得：「你傷透我的心……你又來了。每次我講到工作上的問題，你一直插嘴打斷我，平常就是這樣。我覺得不受尊重。我一直請你聽我把話說完。」凱莉一感到受傷或被忽視，就會攻擊彼得，數落他的錯。這次她也準備好再度戰鬥。

這對夫妻近期找我協助，因為兩人結婚十年後漸行漸遠，希望能重燃愛火，但每次都指著鼻子互罵。兩個人都感到對方不珍惜自己。

不過，這次的互動有所不同。凱莉提起工作上的問題時，彼得試著聆聽並貼心回應。我們討論過這項技巧，不過彼得先前一直抗拒。這一次，彼得聽凱莉把話說完，接著安慰她：「凱莉，事情聽起來很棘手，妳需要什麼樣的支持？」彼得試著尊重凱莉的需求後，凱莉不再劍拔弩張，因為沒有需要對抗或指責的人。

為什麼彼得這次能有所改變？因為在個別輔導時間，彼得發現自己焦慮時會打斷凱莉。他承認：「我受不了看到太太受苦，我只是想讓問題消失，但不知道該怎麼做。」彼得曾經目睹父親長期憂鬱，而凱莉的煩躁無意間喚起他深深的無助感。彼得不自覺地打斷凱莉，不願回想起痛苦的童年回憶。彼得一旦發現兩者的連結之後，便開始以凱莉需要的方式傾聽。

凱莉的重大突破則是首次理解，彼得其實是在焦慮並迴避痛苦，而不是粗魯地叫她閉嘴。凱莉瞭解這一點之後，更能同情彼得。

同理心協助彼得和凱莉放下防衛心，更真誠地看待彼此。兩人一旦明白事情的原委，開始產生同理心，用新的方法修復溝通方式，重新愛護彼此。

重新想像人際關係中的同理心：修復vs.破裂

你可以選擇如何對待他人。在人類生活的奇妙空間裡，人際關係對你的幸福十分重要，同時也帶來最多的挑戰。儘管你不喜歡某人的性格，或是雙方的價值觀互相衝突，你仍然可以用基本的「namaste」問候語精神來對待他們，傳達「雖然我們不一樣，我尊重你內在的靈魂」。

為什麼展現同理心如此重要？因為你希望擁有幸福的關係，或至少彼此尊重。你選擇慈悲和包容，避免爭執、自大或怨恨。你希望理解你在乎的人，不傷害、疏遠或失去摯愛。同理心藉由培養與修復關係，以取代不合。毀掉友誼或婚姻很簡單。只要停止聆聽，不試著同理，不斷爭吵、攻擊和羞辱對方，關係遲早會結束，或是變成兩敗俱傷的怨偶。照顧生命中珍貴的人，就像照料花園一樣。你必須以這種基本方式，維護每段關係的健康。有了同理心之後，就能開始療癒關係，修補你們對彼此造成的傷害。

放下你的情緒武器，用心去看。

在考慮整體而言該如何對待一段關係時，首先要想清楚你的目的。你可以跟我一樣，從建立下面的同理心誓言起步（也可以自行發想誓詞）。

同理心誓言

即便遭逢困境、心情沮喪，我將找到同理心，不把我愛的人變成敵人。

我希望這段簡單的誓詞成為你傾聽與回應他人的基礎。不再因為自己困在受傷的情緒模式，就把你愛的人往壞處想。譬如，配偶只是累了，但你指控他「漠不關心」；或者好友為了完成專案，在辦公室好幾天走不開，你就假設他在躲你。你沒看清楚真相，卻自顧自地往最糟的可能性想。

讓關係健康的前提，是瞭解對方真正的動機，而不是投射你的恐懼。此外，你可能需要妥協，或是碰上不可接受的行為時，畫出健康的界線。如果是情緒或身體上的虐待，而且對方不會改，就可能必須斷絕往來。對方有可能給出空洞的承諾，但如果沒有證據顯示這個人真的會改，就不要在受虐關係中苦苦守候。即便對方逐漸在改，還是可以離開或分手，直到出現更重大、更持久的進展。這種頭腦清醒與堅定的慈愛態度，可以強化帶著關懷的互動，替不健康的溝通設下界線。

同理心回應指南

當我們運用第五章的傾聽技巧，探索各種同理心反應，別忘了我們直接影響到彼此的幸福。這種引人入勝的同理心調頻稱為「情緒共同調節」（emotional coregulation），源自情緒與神經訊號會在人與人之間傳遞，尤其是親朋好友。你的神經系統會和對方互動，支持共同的情緒平衡、快樂與健康。同理心可以協助你們調節關係，改善彼此的溝通，達成同步。

聆聽和回應的區別有哪些？同理心傾聽基本上是非口語的行為，一種無條件的正向關懷。同理心回應則是你有機會評論對方的情形，提供引導或意見回饋。你的回應可能是簡單地說句「我懂」，也可能是一起想辦法解決問題。

3A同理心

態度（**A**ttitude）：告訴對方「我聽得出來你感到沮喪與難過」，讓對方感受到關懷。

注意力（**A**ttention）：把注意力完全放在對方身上，問他：「告訴我發生了什麼事。」

調整（**A**djustment）：要對方安心，告訴他：「別擔心。我們一起解決這個問題。」

展現同理心的時候，別忘了制定整體的政策，想好該如何回應希望獲得你支持的人，或是如何解決衝突。除了這裡的3A，還可以遵守接下來的指南，保持關懷，不慌不忙。

一、回應不等於反擊或攻擊

這項同理心作法，可能違背你所有不甘心的直覺。你想要發洩怒氣、指責或批評對方。然而，不抨擊的好處是，雙方不會因為一時情緒激動，日後嚐到苦果。

即便你控制不了第一個念頭，你可以控制第二個念頭。例如，要是碰上親戚說「這個家族的問題都是你惹出來的」，神經化學物質會讓你進入「戰、逃或僵住」的模式。然而，腎上腺素在體內亂竄時，可以用幾個辦法制止：

- **正向的自我對話**：告訴自己：「我辦得到。我不必用怒氣與責備來回敬這個人。」
- **做幾次深呼吸**：慢慢吸氣、吐氣，穩住自己，釋放壓力。
- **握住「忘憂石」**：有一種橢圓形的抛光寶石，上頭有拇指大小的凹陷處，有助於放鬆與紓解壓力。壓力大的時候，可以搓一搓，安撫情緒。
- **練習神聖的暫停**：數到十或暫時離開。先不要發出任何電子郵件、簡訊或打電話，等心情平復一點再說。如果要打破「反擊與攻擊」的循環，有時可以拉開肢體距離，直到雙方都冷靜下來。

或許你跟許多人一樣，每當有人踩到你的地雷，你直覺就想攻擊，怒氣值瞬間從零飆升至一千。你受傷了，你很憤怒，但如果你要的是解決衝突，那就不要陷入「你害我痛苦，所以我要報復，替自己挺身而出」的模式。只需要簡單說一句「我聽見你說的了」，就更可能與對方溝通，減少衝突，達成你的目的。

二、想好了再講

講話要三思。我們可以模仿古代道教的真言道人，只講善言，不吐惡言。類似的道理包括話語有力量，也因此，要注意你如何與他人溝通。記得要肯定他人的長處與喜悅，對他們的掙扎產生共鳴。往正面看，不要只挑錯。永遠用「我」開頭的句子說出感受，而不是指責或羞辱對方，不講「你如何如何」，例如「都是你逼我的」。不隨便給意見或爭論，不過度解釋你的立場，也不要讓討論以你為中心。如果感到疲憊或壓力大，最好等穩住情緒，再討論雙方起衝突的事。

以下是幾個同理心回應的例子。你可以練習這樣回應：

要說什麼

- 你一定很不容易。我知道你盡力了。
- 我真替你高興。
- 天啊，這需要多大的勇氣才做得到。
- 我一直惦記著你。
- 很遺憾你失去至親。

不說什麼

- 你怎麼搞的？別人都不會，就你這樣。
- 我沒時間聽你在這邊鬼扯。你到底為什麼要做那種事？
- 你覺得那就叫慘？你都不知道我那個時候……
- 沒事啦，不要大驚小怪。
- 你為什麼不能學學你哥，像個男子漢一點？

三、使用鎮定、有同理心的語氣

說話和語氣可以是平和的，也可以變成武器。如果朋友向你透露：「我又把薪水花光，買了很貴的衣服。」你可以回應：「你一定很煩惱。我不知道你這麼喜歡買東西。」你可能心裡在想：「聽起來你的消費習慣很有問題……」但除非你確定朋友能接受直言不諱，否則不要這樣開口。用關心、甚至是好奇的語氣回應，朋友就不會感到被評判，更可能敞開心扉。如果你用不贊同的語氣，朋友離開時心情會更差。

畫定界線時，語氣要友善，但堅定。如果朋友索討的東西超出你能給的，可以設下明確的時間限制：「很高興我們能見面喝茶聊天，我可以待一小時。」你也可以友善地拒絕：「很抱歉你碰上這麼多事，但我這段時間壓力也很大，可以下星期再聊嗎？」你的語氣將深深影響對方能否接受你的界線。如果你用同理心回應，拒絕不會傷感情。從比較容易接受的人，練習掌握你的語氣，再逐步進階到更複雜的關係。不要一開始就挑戰大魔王，譬如你的母親！

四、選擇讓對方舒服的視線接觸

眼睛是靈魂之窗，要注意眼神交流的方式。

我發現很多人在對話時，喜歡四目相對，這是一種連結方法。有患者告訴我：「這能穩住我，讓我感到受重視。」我的伴侶也一樣，他覺得童年沒人聽他說話，因此在分享感受或討論衝突時，希望我能保持眼神接觸。然而，我是共感人，這不是我天生的傾向。我通常會閉上眼睛，深入抓取訊息一、兩分鐘，這是我在傾聽患者時養成的習慣。此外，我在成長過程中，曾被許多大人嚴厲指責：「妳這孩子，說話時要看著我！」這樣的要求讓我感到被貶低及不高興，因而表現出叛逆的樣子，繃起臉不肯配合。

我和伴侶後來各退一步。至少在他分享感受的前幾分鐘，我會保持輕柔、充滿愛意的眼神接觸，接著再視情況調整。這個方法適合我們兩個人。

對有的人來說，保持眼神接觸會感到壓力太大。許多高敏人因為能感知到他人的精微能量，他們的連結不僅是視覺上的。一名患者告訴我：「當我開始感受太強的能量，我很難保持眼神接觸，我需要轉移視線。」另一名患者也說：「人們分享深層的個人問題時，我有可能出於尊重，或是在思考與琢磨，而移開視線。」

我們偏好的眼神接觸方式相當個人，涉及各種認知與感知狀態。如果你和有自閉症的人溝通，他們通常會迴避眼神接觸和觸碰。如果是過動症，有可能難以維持眼神接觸，因為會分心。不看你，不一定代表沒在聽。

眼神接觸有許多微妙之處。跟不同人互動，可能代表不同的意思。如果是你感到安心的情境，就放心說出你對眼神接觸的偏好，尤其是當你的偏好和生活裡的其他人不同。許多文化對視線接觸有著不同的期待，最好問一問對方偏好什麼方式。

五、不急著替別人解決問題

如果你敞開心扉，你愛的人、同事，甚至是陌生人，自然會想向你傾訴人生故事與煩惱。你會想幫他們。或許你跟很多人一樣，甚至從小以為慈悲的意思，就是承擔別人的痛苦，但不是的。健康的同理心反應是尊重他人，讓他們走他們的路。你沒有拯救別人的義務。允許別人以自己的步調學習和成長，不代表你不善良。

你可以提供他人支持與引導，但好起來要靠自己。

有時最好的同理心反應，就是對某個人具有信心。告訴親友「我知道你處理得來」，是在傳達「我相信你」。不要讓人覺得你非插手不可，因為他們沒能力解決問題。試圖拯救有可能造成對方以不健康的方式依賴你，奪走他們找到自身力量的機會。

記住，溫柔也是一種同理心的表現。你永遠不知道對方正面臨什麼樣的困境。如果你想灑下〈聖法蘭西斯禱文〉的仙子粉，帶來愛而非仇恨，就能和靈魂樂歌手雷丁（Otis Redding）的歌曲一樣，溫柔傳遞你的訊息。溫柔待人不需要有理由。

同理心如何能療癒親友

在家中示範同理心是很重要的事，傳達出「這是我，我這樣對待他人」。嬰孩有如雛鳥，他們會模仿父母的行為。這是一種強大的生物化學、心理與能量的連結過程，有可能在胚胎發育期就開始了。如果你能示範同理心，孩子和其他的家庭成員會注意到這一點，也可能選擇培養同理心。

我的臉書共感人支持社群（Facebook Empath Support Community）成員佩德羅，分享他的父親如何成為同理心的榜樣。佩德羅說：「以前在葡萄牙的時候，我父親是消防隊義工，負責當司機，一當就是很多年。我家總是停著一輛救護車，讓人心情愉悅。我的父母認為當義工很有價值，也傳授我這個價值觀。」

然而，如果父母在孩子面前展現憤怒、恐懼或焦慮，孩子又天性敏感，同樣也會模仿這些情緒。父母如果在家中整天吵吵鬧鬧，罵伴侶、罵孩子，孩子長大成家後，可能在自己家中重複這種模式。然而，不必到大人酗酒或虐待孩子的程度，光是生長在我所謂「缺乏同理心的家庭」，就可能留下創傷。即便只是家中的「小」事，也可能造成影響。

我的父母都是醫生，他們對病人很有同理心，在面對彼此和我的時候，也大都具有同理心。然而，他們習慣用批評與不耐煩的語氣互相挑剔。令我沮喪的是，他們經常在車上就開始吵。當他們在前座爭吵，我感到自己被困在後座。我母親會挑剔說：「泰迪，你開太快了！」或是指揮：「左轉，右轉。」更糟的是，母親的抱怨有可能升級，連帶抱怨其他種種不滿，例如：「你整天看電視。我講話你都沒在聽。」

我那脾氣通常溫和的父親，會用壓過母親的音量回擊：「瑪克辛，妳總是在抱怨。別再煩我了！」

我經常幻想在紅燈時跳下車，安靜地走到目的地。然而，我從來沒有真的行動，只是縮在後座。敏感的我因此害怕被困在關係當中，無處可逃。這是我一直努力療癒的主題。我藉由在關係中說出心聲、設下限制，終於掙脫這種恐懼，情緒層面也有所成長。

我最近做了一個夢，夢見伴侶已經去世的父親。我不曾見面的公公告訴我：「我很高興你們兩個願意展現謙遜。」我從未以這種角度看待謙遜，我感覺他說得沒錯，因為妥協與不帶成見地看待彼此的需求，永遠是謙虛的表現。

不過，我還是忍不住想像，如果我的父母在那些痛苦的開車途中，或是在家中其他的類似情境，願意暫停一下，想一想「我如何用更尊重的態度對待另一半與女兒？」，事情將多麼不同。家庭早期缺乏同理心的模式，不論明不明顯，都會影響你今日在人際關係中的反應。

在爭論或意見不合時有同理心

表達同理心的目的是更用心地溝通，療癒衝突，拉近彼此的距離。然而，萬一雙方開始爭執，要如何讓親友或同事感到被傾聽？假設同事平日很照顧你，這次卻突然嗆你：「沒人這樣覺得。你的反應也太奇怪了！」你可能會生氣，覺得同事在審判你。即便如此，你要決定如何回應。如果你反擊，「你怎麼這樣講，你這個人也太刻薄了！」（你當下真心這麼認為），同事有可能更急著辯解，造成雙輸的局面。何不試一試新方法？

等你冷靜下來，再回頭解決衝突。我建議這次用「我如何如何」的句子開頭，展露脆弱的一面，例如：「每次我感到你在批評我，都很受傷。」接著再具體說明解決辦法，例如：「如果你可以說『我不太懂你的反應，但我願意嘗試』，我更能感受到你的體諒與理解。」這裡的意思不是要你小心翼翼，生怕惹人生氣，只是人們有時會不知道該對我們說什麼，或是不曉得該如何開口。如果你用更明確的方式表達需求，讓對方明白你想要他們怎麼做，將有助於他們調整或改變。

當我自己感到承受不了，需要逃離外界，釋放壓力，此時最不適合討論重要的議題。不過，我有時還是忍不住對著伴侶脫口而出一些可怕與不實的話：「我的性格太敏感，我無法談感情！」幸好磨合了十年後，我的伴侶知道如何用同理心回應：「妳聽起來需要一些獨處的時間。」於是我會去獨處，而且這個方法永遠有效。不過，「我無法談感情」不是我真心想要傳遞的訊息，所以壓力大的時刻，我會在心中默念以下話語，不自亂陣腳。

你也可以跟我一樣——

與人爭論或看法不同時，用肯定語穩住自己

當我感到無法承受、疲憊或情緒激動，我不會下達最後通牒、侮辱他人，或是做出重要決定。我會休息一下再回應。

爭吵時有同理心是什麼意思？有可能是給予親人更和善、但也更具體的回應，比如與其批評或攻擊他們，不如說：「如果你這樣表達，我會更容易理解你。」這代表你和對方都在心中說，或是大聲承認：「我的方法行不通，但我願意學習。」或是你們至少可以同意，各自對某個問題暫時保留不同的看法，直到有機會達成共識。

同理心的意思，有時是接受雙方的不同，避免一直糾結於某個點。如果你需要更多時間考慮對方的觀點，那就說出來。如果要讓對方知道你認真在聽，可以用支持的語氣簡單回答「我聽見你說的了」、「我明白了」或「我沒問題」。我的伴侶常說：「收到，明白了。」等你想清楚，心情更穩定，再回頭詳細討論，不需急於一時。

即便我感到被攻擊，我仍將爭論和意見不同視為尋求同理心的機會。**我不喜歡爭執，爭執讓我很累**，但還是會有這種時候，而且總是具有意義。請抱持這樣的精神，不斷問以下幾個問題：

- 我能從這場衝突學到什麼？
- 哪些事情讓我無法付出同理心？
- 是什麼刺激到我？
- 我如何打開我的心，流露更多的同理心？

有意識地處理爭吵，是建立愛的關係的必要環節。同理心能讓你更有意識地溝通，強化與他人的連結。每個人的心都需要被溫柔對待、被尊重，包括你自己的心。

當你愛的人苦苦掙扎

對正在掙扎的親人表現同理心，可能需要設立健康的界線。有同理心的意思，不是不管三七二十一，對方的選擇一律支持，或僅僅說一句「你辛苦了」，即便你回應時確實帶著這樣的心情。

舉例來說，假如親友正經歷物質成癮，或是憂鬱症反覆發作，該怎麼辦？如果親友願意尋求協助，對他們的康復之旅表達同理心，會簡單一點。但如果他們不出所料，拒絕他人的協助，該怎麼辦？

以我的患者瑪拉為例，她有一個二十二歲的「寶貝弟弟」肯尼。瑪拉非常疼這個弟弟，弟弟也算是她拉拔長大，但弟弟海洛因成癮，還使用吩坦尼（fentanyl），那是一種比嗎啡強上百倍的鴉片類藥物。瑪拉無助地看著鴉片成癮漸漸毀掉肯尼。肯尼好幾次誠懇地注視著姊姊的眼睛，承諾會戒毒，但從未做到，也不肯接受治療。

我和瑪拉討論對肯尼表現同理心的意義。瑪拉為了尋求支持，開始參加匿名戒酒會家屬團體（Al-Anon）的聚會。這個十二步驟計畫，專門替家人有酒精或其他物質成癮的家庭所設。在我和瑪拉的診療時間，她還學到如何對自己展現同理心，與弟弟設下界線。

當你愛的人苦苦掙扎，此時有同理心是什麼意思？以下是幾個瑪拉和肯尼的例子：

- **表達同情：**瑪拉告訴肯尼：「看到鴉片成癮毀掉你，我很痛苦。我愛你，但我擔心你的生命安全。當你準備好尋求協助，我會在這裡。」
- **練習狠下心：**瑪拉變得足夠堅強，不再為了「讓肯尼的日子好過一點」，只要他討錢就給。瑪拉先前好心做壞事，助長了肯尼的成癮。
- **對肯尼的自毀行為抱持同理心：**瑪拉試著同理（但不幫忙找藉口）肯尼所受的傷，瞭解他叛逆是為了麻痺痛苦與困惑。此外，**也要記得同理自己，因為看到所愛之人**

受苦而心軟（即便你的痛苦程度沒那麼高），一時失去判斷力。在你協助他人走出黑暗時，這點很重要。

- **抵擋過度協助的衝動**：對瑪拉來說，不過度幫忙的意思是，不提供肯尼金錢，或是讓肯尼借住，讓他有機會躲在臥室裡偷偷注射海洛因，接著否認有這回事。瑪拉很內疚自己是個「糟糕的姊姊」，但後來她意識到這並非事實。
- **不試圖懲罰對方**：瑪拉畫出界線，不是為了懲罰肯尼，而是在練習「愛的抽離」，選擇愛自己的弟弟，在禱告時祝福他，但拒絕支持他的成癮行為。
- **放下拯救他人的執念**：瑪拉持續學著放下拯救肯尼的執念（這原本就不在她的能力範圍內），意思是她必須學著接受這個未解決的嚴重問題，也得學著與自身的憤怒、擔憂和痛苦共處，但依然抱持弟弟會好起來的希望。

肯尼度過好幾年痛苦的歲月，曾經意外藥物過量，差點死於車禍，也待過監獄。後來，他終於準備好尋求協助，完成勒戒所的療程，然後繼續待在戒毒所。瑪拉是肯尼最大的支持者，肯尼今日是匿名戒毒會（Narcotics Anonymous）的活躍成員，已經成功戒毒兩年。

然而，復原需要一天一天來，因為毒癮復發很常見。此外，康復過程會遇到特殊的情緒挑戰與獎勵，比如要學著以清醒的方式面對痛苦的感受。肯尼需要隨時察覺可能導致毒癮復發的警訊，譬如當脾氣上來，或是想用藥物逃避現實。瑪拉和肯尼都知道隨時盯著的重要性，但也開心看到他目前的進展。

不論是你愛的人在成癮的深淵，或者正在努力勒戒，在令人心碎的情境下，每一天的同理心都可能需要你做不同的事。你永遠可以用新的方法去愛遭受折磨的親友（但不讓他們依賴）。同理心有時需要你說「好」，有時則需要你拒絕，或是單純盡力就好，順其自然。

你愛的人做出有問題或顯然不明智的選擇時，也是一樣的原則。如果碰到親人的血壓、血糖與膽固醇來到危險的範圍，卻不肯運動、不肯改吃健康的飲食，此時該如何表達同理心？

當你面對棘手的情境卻愛莫能助，或是難以左右情勢，此時希望、祈禱與展現自我同理心，能帶來強大的療癒力量。不過，如果你愛的人對自己或他人構成危險，就需要更直接的介入，例如撥打九一一緊急電話，或發送簡訊至九八八（美國的二十四小時自殺暨危機熱線）。

《歐吉桑鄰好》（*St. Vincent*）這部電影讓我很感動。主角文森上了年紀，人生過得很累，脾氣也不太好，但他幫助有需要的人，還經常探望結褵三十年、因失智症住在安養院的心愛妻子。由於妻子不認得他，文森為了讓她安心，他會穿上白袍，假扮醫生，熱心地用聽診器聽她的心跳，測試她的反射能力，接著問：「妳知道我給妳什麼診斷嗎？」

「醫生，我怎麼了？」她問。

文森笑著告訴她：「妳很美，真的非常美。」妻子咯咯笑了，甚至有那麼一瞬間，她想起他是誰。那一幕很感人。

所愛之人的掙扎（不論是因什麼受苦），不僅關乎他們的療癒，也關乎你的療癒。你將學到對自己展現同理心，對當事人表達同理心。你要打開緊閉的心門，深入愛的本質與愛的一切意涵。

人生中，沒有什麼永遠不變。因此，遇到困難要撐下去，新的黎明終將來臨。兵來將擋，水來土掩。轉折終將到來，不過在那之前，記得活在當下。在這樣的艱困時期，或許唯一能與同理心連結的方法是呼吸，簡單地呼吸，知道光是呼吸就夠了。

為了在親友受苦時維持健康的距離，你可以重複以下的肯定語，設定自己的意圖。

設定你的意圖

我不必因為我愛的人正在掙扎或憂慮，自己也渾渾噩噩。我依然可以擁有美好的一天。

職場的同理心療癒

訓練對自己和他人抱持同理心，還能讓工作與辦公環境更開心。職場上有很多難搞的行為，例如自戀的上司、經常抱怨與喋喋不休的同事。辦公室政治也可能榨乾你的精力和耐心。領導者或許沒接受過同理心訓練，員工經常感到無人回應需求。

即便如此，不論是面對面或線上，你可以改變工作中的消極情緒，避免助長不良的行為。方法包括：

- 定期感謝團隊成員。
- 諒解心情不好的人。
- 進行同理心傾聽，百分之百地專心與團隊成員交談，不看手機，不擺出心不在焉的樣子。

做到這幾點能掀起「正向情緒感染」（positive emotional contagion）的漣漪效應，在工作地點擴散正面的情緒，改善每個人的心情。

你的工作同理心商數是多少？

如同智力可以用智商（IQ）來衡量，同理心也可以用「同理心商數」（empathy quotient, EQ）來評估。做個測驗，看看你的同理心商數是多少：

- 你能否察覺團隊成員的需求？
- 你是否用心傾聽，不只用腦？
- 別人在分享專案時，你能否不打斷他們？
- 你能否單純地聆聽，不急著指點江山？
- 碰上讓你費神的團隊成員，你能否設定健康的界線？
- 你是否願意聆聽團隊成員的需求或創意？
- 你是否關心你的公司、這個世界與地球的整體利益？

如果你有六到七題都回答「是」，那麼你的同理心商數很高。四到五題答「是」，表示同理心商數還算高；兩到三個「是」，代表同理心商數一般；零或一題回答「是」，代表同理心商數較低。

無論你目前的分數如何，永遠可以加強同理心。

信任團隊成員

工作中的同理心，長什麼樣子？此時，同理心代表重視他人的觀點。碰到問題時，一起討論可能的創意解決方案，傳達你對團隊成員的信任。你感謝他們提供意見回饋。缺乏信任感的團隊則難有重大的成就。

我的患者伊芙是科技主管，她是完美主義者，經常抓員工的錯誤，例如喬交了報告後，她會立刻挑出不夠好的地方，要求修正。喬是優秀的工程師，那些批評讓他感到被貶低，工作成果沒獲得賞識，緊張之下又犯了更多錯誤。

不過，由於兩人的關係一直還不錯，喬鼓起勇氣說：「伊芙，我發現妳不再信任我，妳似乎很關切我的工作品質。」伊芙嚇了一跳，她完全沒意識到自己雞蛋裡挑骨頭，忘記強調他做得好的地方，竟然對喬產生這樣的影響。喬的誠實讓伊芙對他的立場產生同理心，她願意改變。這個工作情境快樂而正向，於是兩人重建了信任感。

信任團隊成員是成功的關鍵。你們需要相互扶持。每當有人在工作中背叛團隊（或個人）的信任，你們必須以敏銳且坦誠的方式處理，團隊才能再次和諧地工作。你可以向經理或人資分享發生的事件，由他們出面，看是針對當事人或整個團隊，協調出關懷員工的回應。如果可能的話，經理可以竭力協助解決問題，找出重建信任的方法。

尊重界線

在職場上，表達和接收同理心可能有某些限制。以擁抱為例，同事心情低落時，你的自然反應可能是抱抱他們，但同事可能不喜歡被抱，甚至認為這是職場騷擾。擁抱不一定能帶給所有人安慰，反而會被當成越界的行為。如果你喜歡擁抱，別忘了永遠要先向當事人確認：「可以抱抱你嗎？」由於擁抱與碰觸遭到濫用，今日可能會被視為「不恰當的職場行為」。你需要評估風險。

此外，你也要注意人們如何看待工作場所的哭泣。我強烈希望辦公室成為可以安心哭泣的環境，但許多的職場文化仍然存在「堅強的人不會哭」的古板觀念。你的眼淚可能被誤解為性格脆弱，或是無法勝任工作。我有患者因此決定把辦公室的門關上才哭、在廁所哭，或是和加油打氣的朋友一起散步才發洩。

我真心希望美國的工作文化能對情緒有更多的認識，坦然接受哭泣，不過還是要考量到現實中的限制。在工作中，你要謹慎判斷可以在誰的面前哭。如果你很難過同事對待你的方式，或者只需痛痛快快哭一場，那就找合適的場所。誠實評估你的工作環境是否適合哭泣。如果不適合，最好找一個更能安全展露情緒的環境。

處理不良職場行為的策略

在工作與個人生活中，我們經常遇到煩人或令人沮喪的行為。你可能會想：「這種時候如何能運用同理心？」

你有了計畫後，就能準備好迎接「絕佳的機會」。如果上司或團隊成員出現惹人厭的行為，你很想一吐為快，直率地說出感受，但你要明白這有可能帶來不必要的後果。最好把重點放在解決問題，以冷靜、圓融的方式處理。換句話說，你要持續把討厭的人視為老師，因為他們讓你有機會練習保持平靜，抱持實際的期望。如果用憤怒或不滿來回應，八成不會達成你想要的結果。

療癒自己的時候，誠實找出別人最讓你困擾的特質。是抱怨嗎？批評嗎？還是固執或霸道？**我們全都可能出現這些反應**。不過，一旦你能承認「我自己也可能這樣」，就不會那麼容易被刺激到，更能微笑看待他人的缺點。有一句話說得好：「放下放大鏡，拿起鏡子。」寬以待人是必要的謙遜。

本書的重點是學著把人當成一個整體看待，因此別忘了，以下的行為只是我們或別人偶爾出現的討厭特質，不代表整個人一無是處。記住他人可愛或美好的一面，也能讓你保持客觀，避免放大你厭惡的地方。

人們身上常見的棘手特質，以及如何以同理心回應

一、**抱怨**：每次你和這個人互動，他都在唉聲嘆氣，覺得自己很可憐。你提出辦法的時候，他們會說：「是沒錯啦，可是……」這樣的人只想抱怨，不想改變。

增強同理心：你可以意識到，習慣抱怨的同事可能從小就在那種家庭中成長。家人說話一個比一個大聲，從不讓任何人講完一句話。這種同事，從小需求沒被聽見，如今透過抱怨過度補償，因為他們身旁不曾有解決衝突的榜樣。

同理心回應：設定明確的界線，限制你聽他們抱怨的時間。例如，你可以友善地告訴同事：「我看得出這件事對你造成多大的壓力。我會為你祈禱，希望問題很快能解決。我的專案截止日快到了。等我這邊的事情告一段落，你也準備好要探討解決方案，我們再找時間聊一聊。」你也可以把同事轉介給人資部門，協助他解決工作方面的問題。

二、**好為人師**：這個人經常對你指手畫腳，提供不請自來的建議，讓你很想避開。不論是面對主管、工作，甚至煮晚餐的方式，這個人不斷糾正你，告訴你「更好」的方法，自認有義務指出你的缺點，你才能「改進」。

增強同理心：意識到他們的父母很可能是控制狂，令人感到窒息或習慣性挑錯。由於

孩子會模仿父母，成年後通常也習於控制和糾正別人。

同理心回應：用輕鬆、關心的語氣告訴同事：「我重視你的意見，我會考慮的。我需要更多時間好好想一想。」告訴團隊成員：「謝謝你的回饋，真的很感謝。」你不是在道歉，也不是在息事寧人，只是單純告知你收到他們的意見，讓他們感到被聽見。稍後再評估他們的觀點是否帶有幾分真實性，但還是按照你直覺最好的方式去做。

三、講個不停：一開始，這似乎是個有意思的人，但他們沒完沒了講個不停之後，你感到疲憊。你想找機會插話，可是對方沒有停下的意思，還可能整個人靠過來，幾乎貼著你呼吸。你往後退，他們又再度靠近。我有一名患者形容這樣的同事：「每次我看到這個人，我的腸子就開始痙攣。」

增強同理心：這種同事生長的家庭，可能就是靠著喋喋不休趕走不舒服的感受。說個不停是一種防禦機制，以阻止痛苦的情緒或更深層的問題浮出水面。

同理心回應：非口語的提示對這種人起不了作用，因此，雖然會尷尬，你必須打斷他們。結束對話的方法是有禮貌地告知，「抱歉打斷你，我得趕去另一個約會」，或是「不好意思，我需要去一下洗手間」。你也可以先聽同事講個幾分鐘，接著用中立的語氣，提出「我也想對這個話題發表意見」。如果你用簡潔、實事求是的方式，平心靜氣地傳達需求，他們會更容易聽懂你的意思。

四、被動式攻擊：這樣的人用微笑表達憤怒。他們傾向於找藉口，不肯替自己的行為負責，例如，同事答應幫忙完成要交的專案，結果沒做，然後不帶歉意笑著說：「我有太多工作要忙，這件事不在我的優先事項清單上。」或是某場會議跟推動你的工作有關，但同事「不小心」忘了找你參加。這一類事件至少是這個人不可靠的警訊。會採取被動式攻擊的人，往往會重複這個模式，所以要保持警惕。他們可能會讓你感到不舒服或不受重視，但表面上「人很好」。

增強同理心：他們的間接攻擊與藉口，可能是因為父母的管教嚴格，這是他們唯一能安全表達憤怒的方法。此外，這些行為也可能是他們的應對機制，為了在家中獲得控制權或者逃避壓力。

同理心回應：清楚表達你希望他們做什麼，例如：「你承諾要加入這個專案，就要做到／你必須把我加入會議名單。」他們或許還是會試圖鑽漏洞，但如果你保持有話直說、不責備他們的態度，他們比較容易配合。

你在職場與外頭回應他人的時候，同理心是無價之寶，讓你既能關懷別人又能保持心神穩定，對方也更可能配合你的需求。

•●•

我所認識最冷靜沉著的人，在日常生活中都會體現同理心。他們是普通人，盡力做事，但不「完美」。對他們來說，所愛之人的幸福很重要。他們重視同事的需求，不自誇，也不貶低他人、抬高自己。他們渴望簡單和謙遜。即便生活一團亂，也能找到值得感激的事物。**充滿同理心的生活不是追求完美**，而是坦坦蕩蕩地做人，努力追求善。

同理心、共鳴、和諧、慈悲：在你的人際關係中、一生當中，始終要把這些特質放在心上。努力去實踐就已足夠。只要你願意，成長會一點一點地發生。我喜歡《道德經》這段簡單但深刻的話：

天下之至柔，
馳騁天下之至堅。[1]

請運用本章的技巧，以真誠的方式展現同理心。如果目前無法做到也沒關係；展現同理心，從來不是強迫任何事，也不需要急躁。你在關係中，可能需要先退一步，整理好思緒再行動。我喜歡像烏龜一樣慢慢來，這樣更從容、更有力量，尤其是腎上腺素飆升的時候。對自己和他人，都要有耐心。

你把同理心帶進關係時，永遠要兼顧心和理智。面對某些人的時候，你表現得善良但堅定；有的人則可以更靈活及退讓。如果有人無力或不願改變，而他們的優點又超過缺點，此時有同理心的意思是欣賞他們的正面特質，練習包容其他部分。當你碰上難相處的人，這種平衡方法，會為各種互動帶來更多的和諧、療癒和快樂。

同理心行動時間

設定優雅的界線

練習在工作關係當中，說出包含愛與同理的「不」或「現在不方便」，可以建立新的健康界線。提出要求時，要有技巧，但表達明確。以寬大的胸襟接近對方，同時表達你的需求。

第7章 健康的給予

關心他人，但不犧牲自己、不過度幫忙、不把自己燃燒殆盡

幫助有需要的人與受傷的自己，是一種善良、慷慨且具有療癒力的衝動。然而，你可能跟我的許多患者一樣，想知道：「我要如何給予，才不會把自己燃燒殆盡？我要如何同情他人，但不會吸進他們的壓力？」

助人是指把同理心付諸行動。我將告訴你如何在施與受之間找到平衡，不致因為過度付出或幫太多忙，感到失去同情的能力與倦怠。有意識地管理自身能量的進出，將能保護你的健康，支持你的免疫系統，還能改善人際關係的品質。

給予是很美好，但我見過許多人為了助人，卻把自己犧牲到什麼都不剩，而對方可能根本不領情。或是有的人為了救助他人，把自己弄到精疲力竭。因此你需要學會識人與保持平衡，讓你的付出真正療癒他人和自己。

擁有同理心，自然會產生給予的渴望。你在乎，想要幫忙，所以貢獻時間、知識和精力（對我來說，時間是最珍貴的禮物）。或許是聽同事講他們正經歷艱難的離婚程序，或

許是為生病的鄰居洗衣服，也或許只是簡單地對陌生人微笑。

給予的方式，也可以是協助他人發光發熱。如同你同理傷心的人，你也能對人們的夢想產生共鳴。這裡的意思可能是，你的女兒有當記者的熱情、卻懷疑自己，而你相信她能做到。也可能是告訴大家某位同事做得很好，或是感染朋友去夏威夷玩的喜悅。當個天使，替別人的快樂和成功加油打氣，同樣會感到振奮。

在這個令人喘不過氣、人人自私自利的世界，有好多人長期感到孤單，拿不出同理心。哪怕只是擁有一個親近的朋友，都是上天的祝福。同理，協助彼此發光發熱，將同時滋養個人與社群。

我告訴我所有的夥伴：

你們對我的信任讓我振作。
你們的同理心讓我感到關懷與理解。
你們的慷慨讓我感到被重視。

對他人展現同理心是一種強大的給予。第十四世達賴喇嘛在《新千年的心靈革命》（*Ethics for the New Millennium*）一書中的祈願啟發了我。達賴喇嘛希望成為「迷途者的嚮導」

和「渡河者的橋梁」。[1]我們每個人都可以用自己獨特的方式做到這一點。

本章將探討同理心和給予的關聯，以及如何在照顧他人的同時，保持清醒、關懷和精力。我們將檢視「給予者的光輝」和「助人的快感」背後的神經科學，介紹如何避免同理心疲勞。

健康的給予

有一種迷思認為，健康的給予一定要無條件或者無私。健康的給予其實可以是有條件的。這種付出從你的心出發，但是在必要的情況下，也會設立界線，照顧好自己。此外，不論是有人幫忙倒垃圾、代班，或是寫出感人的小說，表達謝意也是一種給予。感激會讓人獲得肯定，容光煥發。此外，感恩也能協助你擺脫壞情緒，心想：「或許情況沒那麼糟。」你願意付出，可能單純是因為助人為快樂之本，不求回報，也可能是因為雙方有著明說或未明說的默契，例如「我會永遠對孩子好」、「我和朋友會為彼此加油打氣」或「工作時，所有人會相互支持」。

我教導患者如何明智地給予，有時這甚至攸關生死。這是一個平衡和儲備能量的課題，許多過於友善的老好人，需要好好學這一課。你將學著在不犧牲自身福祉的情況下，展現同理心。以下是給予者的正面特質。

健康給予者的特質

- 能同理，但不感到被榨乾。
- 隨機行善。
- 設立健康的界線，例如不傷和氣地拒絕。
- 把自我照顧、休息和獨處時間列為優先事項，補充自身的能量。
- 在付出中感到滋養。
- 瞭解自身的極限。
- 接受他人的支持。
- 分配責任。
- 尊重他人，允許他們走自己的路，不加干涉。

你可以逐漸將多項特質融入生活當中。學習在同理心和自我照顧之間取得平衡，是一場持續進行的療癒過程。

健康給予的神經科學

神經科學已經證實，健康的付出會以多種方式促進身心健康，[2]例如擔任志工可以減輕壓力、憂鬱與疼痛。[3]此外，功能性磁振造影（fMRI）顯示，捐錢贊助崇高的理念，會促進分泌愉悅荷爾蒙多巴胺。[4]為社區貢獻，也證實讓人更能處理成癮行為和失親。

快樂的三要素

我對於腦科學研究者所說的「快樂三要素」（happiness trifecta）特別感興趣，也就是助人可體驗到心情好轉的生物化學反應。[5]運作原理如下：給予會刺激分泌三種強大的神經傳導物質，有助健康和情緒，包括催產素（愛的荷爾蒙）、血清素（快樂荷爾蒙）和多巴胺（前文提過的愉悅荷爾蒙）。你會感到一陣快樂流過體內，同時還能減少皮質醇（壓力荷爾蒙）。快樂三要素再加上「讓人感覺良好」的腦內啡，解釋了「給予者的光輝」和「助人的快感」。[6]這種實務上的意義令人感到振奮。假如你今天過得不太順，給予能協助你利用生物學的力量減輕壓力，感到樂觀和幸福。

另一項鼓舞我的研究刊登於《身心醫學》（*Psychosomatic Medicine*）期刊。這項研究對比「施」和「受」的生物學益處，請參與者說出助人或接受幫助的經歷，並以一系列的神經影像測試評估反應，最後發現相較於接受，給予更能減輕壓力，讓大腦的獎勵中心亮起。也就是說，我們的大腦天生更能從給予中獲得良好的感受，自私帶來的獎勵則較少。這對我們這個物種的未來，無疑是個好消息。[7]

同理心會增加你給予的渴望，而給予又對大腦、細胞與生活品質有益。我贊同未來學家傑森．席爾瓦（Jason Silva）的觀點。他認為我們應該重新定義億萬富翁，改成「你能否以正面的方式觸動億萬人？」。[8]想像億萬次的付出將帶來多少愛，減輕多少壓力。我想生活在那樣的世界。

為善不欲人知：隨機行善

如果要在日常生活中創造更多的同理心和慷慨，一個有趣的方法是隨機行善與匿名付出。你給予，純粹是為了自己與收到善意的人。

隨機行善的舉動，包括扶老人過馬路，或是看到帶著小孩的媽媽，幫忙按住電梯門。這些簡單的舉動能讓人們感到開心，甚至在這個紛擾的世界感受到一絲希望。舉例來說，如果超市的結帳隊伍排得很長、移動得很慢，這時我喜歡禮讓。當我主動提出「你要不要先結？」，有時會發生神奇的事。人們的眼睛會亮起來，變得更友善，雙方突然產生短暫的真誠連結。人們會微笑著驚呼：「你人真好！」在生活的重重壓力中，這個短暫的互動讓雙方這一天的心情都好一點，替世界增添正能量。

當你匿名給予，你不求表揚，為善不欲人知。在過去這些年，我會偷偷在外頭留下小額現金，讓人撿到意外之財，例如在商店貨架上放五美元，或是在辦公大樓的花盆放十美元。人們發現意外之財時，一般會當成吉利的「象徵」。我很開心這樣的小舉動能讓人開心一整天。你也可以試一試！享受匿名給予帶來的所有正能量。

助人能讓你跳脫思緒，深入你的心。諷刺的是，我發現當我感到沮喪或憂鬱，一點都不想給予的時候，這個策略反而特別有效。我沒心情給予時，還是會勸自己替別人做點什麼，任何人都可以。每一次，心情總是因此輕鬆起來。

即使人們表面上看起來不在乎，心底其實都渴望同理心與禮貌。世上的人或許都太匆忙，時間太緊，抽不出時間對陌生人做善事，但我還是希望你能這麼做。你會在最平凡的情境中，感受到給予的療癒力量。

有人求助

有人開口求助是相當特殊的情形。不是你主動提供建議（通常不受歡迎），而是對方給你機會幫助他們。即便如此，你可能會嘀咕：「我應該給多少或者說多少？我應該表現得多誠實？」

為了找出答案，你可以直接詢問：「你希望我有話直說嗎？」我通常寧願少說，而不要多言。我的目的是提供協助，不是警惕他人。我在過去這些年學到，當人們問：「茱迪斯，憑妳的直覺，妳覺得某件事如何？」他們其實大都想聽到好消息。每次有人問我問題，我都會把這一點納入考量，依據我對這個人的判斷，提供最具同理心的實用回應。

舉個例子，有一次，我的朋友艾莉寫了一封信，打算寄給幫她出書的出版社，問我那樣寫可不可以。艾莉最近剛出版人生第一本書，她對新書獲得的待遇很不滿，有許多抱怨想說。我看了信之後心想：「這可不妙。」艾莉毫不隱瞞地在信上發洩怒氣，埋怨出版社「做得不夠多」。

我不想讓朋友不高興，但也知道假使真的寄出那封信，受傷的會是艾莉自己和她的書。因此我問艾莉：「我可以老實講嗎？」

艾莉毫不猶豫地回答：「當然可以。」

我先是表達同理。一般人第一次出書，大都會踩到那些地雷，因為多數新手作家並不清楚出版流程。接下來，我不帶批評地說：「艾莉，妳寫了一封健康的憤怒信。說出感受是好事。然而，妳需要出版社站在妳這邊，寄出這封信只會讓他們心寒。我建議改用這樣的語氣。」我寄給艾莉一份範例，感謝出版團隊的協助，請他們在接下來的日子多多關照。艾莉可以先感激團隊成員替這本書付出的心血，謝謝他們做得好的地方。接下來，艾莉可以提議「如果還能……那就太好了」，具體說明她希望如何改善流程，而不是控訴：「你們做得不夠多。我不滿銷量這麼差！」艾莉最後接受我的建議，但往往人們不一定會從善如流，幸好這次艾莉聽進去了，結果也還不錯。

有人直接找你幫忙時，至少要先同理他們部分的立場，即便你不敢苟同其餘的部分。同理完畢後，再以關心的語氣，談他們的請求難以做到的部分。用尊重的態度與同理心提供逆耳的忠言，對方會更容易聽進去。

當你學習用各種方式表達同理心的時候，不必太苛責自己。你可以選擇用有區別的方式付出，有的人給得多，有的人給得少，甚至完全不給。你必須相信直覺，依據具體的情況調整方法。

共依存的給予

你可以把共依存症（codependency）定義為：由於深陷不健康的關係，導致失去個體的力量和能力。有共依存症特質的人，一般會對他人過度感到有責任，在人際關係與職場幫忙收拾爛攤子。他們希望每個人都開心，因此過度付出，成為關係中的迎合者和調解者。他們因為害怕被拒絕或遭到白眼，很難開口表達需求。有一個笑話說，有共依存症的人，臨死前眼前閃過的是別人的一生。

如果你是共依存型的給予者，有可能很難置身事外，無法放手讓別人從錯誤中學習。你的出發點是好的，問題出在你太想幫忙，急於替人解決問題，認為不插手不行。這種習慣可能源自過去曾和有酗酒問題、自戀或焦慮的人一起生活。

許多充滿關懷的人士都有共依存症的傾向，但不是所有的共依存症給予者都是共感人。共依存症是本能想要過度給予和照顧，而不是具有多少同理心的指標。你可能是共依存症給予者，但並非共感人。共感人會吸收他人的壓力和症狀，不是所有的共依存症者都有這種特質。不過，這兩種人都很難設下界線，把他人視為獨立的個體。他們的療癒過程包括學會做個認真的聆聽者，但不感到有義務攬下別人的問題。

相較於健康的給予，共依存症的給予者往往關心他人，忽略自己。雖然出自好意，真心想要幫忙，但就算對方對你很不好，你還是傾向忽視自身的需求，過度付出，直到精疲力竭，因此可能淪為犧牲品。

實際上，付出不一定對給予者有益。我見過共依存症式的給予對我的病人造成巨大的身心負擔，讓他們感到疲憊且無人感激。給予理應帶來快樂。如果沒有，代表有什麼地方不太對勁。

在健康的關係中，你的情緒不會隨時起伏。

你的給予有來有往嗎？

許多共依存症給予者面臨一個常見的難題：「如果換成是我需要幫忙，親友卻不聞不問，我現在應該繼續付出嗎？」

心地善良的戴安娜就遇到這種情形。四十多歲的她告訴工作坊的小組：「我同理朋友的困擾，很樂意幫忙，想讓他們感受到支持。然而，輪到我生病或受傷，身旁卻一個人也沒有！開口麻煩別人已經夠難了，但就算我真的開口，朋友還是沒出現。等我好了，他們又回來尋求建議和支持。那種感覺真的很糟。」

戴安娜跟許多的共依存症者一樣，付出是單向的——她對別人付出。向自己和小組坦承這一點，觸及戴安娜心中脆弱的一面。她誠實地透露，她覺得自己不配擁有平等的友誼，需要刻意贏得別人的愛。此外，她也擔心，表達需求會被拒絕。

過度付出與拋棄有關，潛意識裡的動機是：「如果我不斷付出，人們就不會離開我。」此外，戴安娜在平時會做慈善的保守信教家庭長大，從小被教導，有同情心的人會永遠無條件地付出，只有自私自利的人才會劃分界線，只顧自己。這些根深柢固的想法，讓戴安娜陷入特定的關係模式，但她終於準備好要療癒這些模式。

因此，在那個陽光燦爛的八月天，工作坊裡的戴安娜願意考慮另一種敘事——持續對他人付出愛，但她同樣值得別人愛。接受愛不會讓她成為自私的人。我因此建議：「用不責備的親切語氣開始和朋友談這件事。先找妳最好開口的人。告訴他們妳有多重視雙向的支持，看看他們是否願意有來有往。如果對方願意，就太好了。如果不願意，或是口惠而實不至，那麼可以考慮減少對這種人的付出。」

那次工作坊之後，戴安娜勇敢地向朋友們提出這個議題。她結結巴巴，緊張不已，但她做到了！一個月後，她寫信告訴我，大部分朋友都願意支持她。一個朋友說：「我太習慣妳的付出，沒想過妳會需要幫忙，因為妳不曾開口！」只有一個人跳腳，指責戴安娜「只想著自己」。眾人的回應讓戴安娜面對現實。她最終選擇雙向支持的關係。

請依據以下列出的特徵，評估你的給予模式，不再採取失衡的方式，讓助人真正帶來滿足感。

擔。

共依存症給予者的特徵

- 我將他人的需求置於自己之上。
- 我持續對有來無往的人付出。
- 我因為過度幫忙或犧牲自己而感到疲憊。
- 我努力討人喜歡——不遺餘力讓別人快樂。
- 我在拒絕幫忙或請人幫助時，有罪惡感。
- 我有時會過度控制與插手別人的生活，提供不請自來的建議。
- 我害怕如果表達需求，會被拒絕或拋棄。
- 我試著把人救出泥沼。
- 我自認有責任承擔他人與世上的痛苦。
- 我有時因為過度慷慨，而讓人感到窒息。

你符合的特徵愈多，是共依存症給予者的傾向也愈高，可能感受到過重的同理心負擔。即便只符合一項特徵，也代表某種程度的共依存症。對自己溫柔一點，開始平衡你的施與受。你的目標是以有來有往的方式表達同理心，感受到助人的快樂。

犧牲者情結

專業的心理健康人士發現有一種情形是「犧牲者情結」（martyr complex）——即便對自己有害，也不能不顧。這是特別危險的共依存症形式。展現同理心是一回事，扛下別人的問題則是另一回事，可能招致嚴重的後果。

過去這些年，許多來找我的患者感到疲憊、沮喪，或是患有慢性疼痛與自體免疫疾病。他們大都極度關懷他人，但誤以為有同情心的意思，就是無止境地付出，不顧自身的幸福，或是把精力耗在打圓場，成為現成的和事佬或犧牲者，最後身心都受到影響。

自我犧牲者常有的想法包括：「我需要忍受家人的侮辱，因為他們不知道自己在做什麼」、「我犧牲時間和精力，只為了幫助你」。自我犧牲者可能感到被困在無人感激的工作環境，但照樣選擇留下來受苦。他們經常讓別人感到因為做太少而內疚，而這種感受令人不舒服。

我沒興趣當犧牲者。我希望我的工作能持久：許多犧牲者經常把自己燃燒殆盡，我不想變成那樣。療癒者與同理心旺盛的人需要持續學習，可以慈悲，但不必扛下別人的問題和痛苦，危害自己的健康。

每當我發現自己對某個人過度負責，太過努力幫忙，就會提醒自己匿名戒酒會家屬團體的常識指導：

事情不是我造成的。（Cause）

我無法控制這個問題。（Control）

我解決不了這個問題。[9]（Cure）

當你想要過分犧牲，別忘了提醒自己這個「3C」原則。犧牲者情結並非平衡的同理心表現。我希望你能依據這裡介紹的給予，探索更多利人也利己的可能性。

給予 vs. 賦能

付出的形式有時不是你所想的那樣。一個週末，我拜訪兩位性格古怪、但心地善良的藝術家朋友。他們住在奧勒岡州的荒涼海邊，兩個人都是大剌剌的老菸槍和酒鬼。

我非常高興能見到朋友，但低估了他們抽菸喝酒對我的影響。我心想：「我只待一、兩天，忍一忍就過去了。」然而，才過一、兩個小時，我的眼睛就開始刺痛，肺部感到不適，衣服也沾滿菸味。此外，室內瀰漫蘇格蘭威士忌的熏臭味，我無處可逃。

我是來作客的。我希望報答朋友，於是問自己：「我如何能服務這兩位親愛的朋友，做他們會喜歡的事？」於是我趁每個早晨他們還在熟睡，清理他們的菸灰缸。做這件事讓我感到愉快；那不是特別有趣的差事，但朋友很感謝我。

你可能會問：「這不是在助長他們的尼古丁癮頭嗎？」不是的。為什麼不是？因為我只是來社交的，不是來干預他們的生活。不論我是否清理菸灰缸，他們照樣是癮君子，也不會想停止喝酒。這與助長成癮不同。助長是指讓某人的功能失調行為惡化，或是幫忙遮掩；我只是想讓朋友的生活輕鬆一點。

我們後來共度美好的時光，一起用餐，在海邊散步，單純享受待在一起。不過我得承認，告別時我鬆了一口氣。回到家中，吸進令人清醒的新鮮空氣和芬芳氣味，實在太好了。

在某些情況下，付出要點到為止。我知道你可能想幫助別人解決各種問題，但也要考量現實。記住，給予不只要看你能給多少，也要看對方當下能接受什麼。

更新你的給予習慣是好事。花點時間寫日記，記錄你的人際關係。哪些是健康的？哪些是共依存症的症狀？列出幾個有建設性的步驟，重新平衡共依存症的關係，例如減少對焦慮親人的關心、設立明確的界線、允許他人犯錯並從中學習。接下來，逐一重塑有共依存症的關係，同時享受較平衡的關係。

如何在不吸收他人壓力的前提下同理

我有許多患者都擔心同一件事：「萬一人們要求的事超出我能給予的，該怎麼辦？要是拒絕他們，我會感到內疚。」

助人不代表無論是誰，都要百分之百付出，甚至過度燃燒自己。你可以偶爾缺席。為了穩住心神，有時需要暫時抽離忙碌的世界，放下每日的責任，做到自我照顧。請送給自己那份禮物。助人時，每一次的情況都要分開考量。永遠顧及當下有多少精力，也要考量體能與情緒的限制，評估到底能付出多少。考慮這些事不代表你自私，而是讓你更明智。當然，在某些情況下，提供幫助可能涉及重大的犧牲，後文會再討論擔任照護者的例子。不過整體而言，健康的給予也能滋養你。

以下五種策略，能協助你以健康的方式付出：

一、點水之恩即可

小善也能有大力量：一個擁抱、一朵花、一份新鮮沙拉、一張生日卡片，或是挪出三分鐘，而不是一個下午。有的人把付出的時間限制在每天一小時。你要盡可能訓練自己，在較少的時間段提供高品質的給予。

二、用同情心設定不愧疚的界線

如果每個請求你都覺得應該答應，你要練習設定界線。你可以回應，「抱歉，我無法參加，但感謝你的邀請」、「謝謝你邀請我，但我目前無法接下更多事」，或者「我很樂意幫忙，但我只有一小時」。如果你對設定限制感到內疚，這可以理解，但不設不行。即便你感到害怕、有所疑慮，仍要改變行為，採取行動，你的心態總有一天會改變。不必等到完全沒有罪惡感，才來設下界線。

三、進入閉關狀態

為別人隨時待命並不健康。為了保護你的精力，關閉電子裝置幾分鐘、幾小時或更長的時間，不接電話，停止幫別人的「小忙」。你將因此獲得不需要應付他人需求的喘息時間。你可能會訝異，就算自己有一段時間不在，大部分的人也活得好好的。

四、意識到自己何時受夠了

有些給予的界線沒有商量的餘地，因為你的身心健康取決於守住這些界線，不可能再退讓。曾有朋友告訴我：「我離婚是因為我從來不想要孩子，卻發現丈夫是個永遠長不大的孩子，而且必須時刻照顧。」離婚對我的朋友來說，是正面的決定。有時，保護自己需要做出重大的改變。儘管劃下句點可能很難，但溫柔承認是前進的時候了，才是明智之舉。

五、冥想與祈禱

當你仁至義盡，或是對方拒絕接受幫助，記得替他們的幸福祈禱，祝他們的問題獲得最好的結果。最好祝福整體的幸福，避免祈求特定的事項。當你無法療癒自己或他人，也擺脫不了痛苦，那就把問題交給愛與治癒的力量，讓上蒼來賜福。這裡我想分享我改編的寧靜禱文（Serenity Prayer）：

求您賜我寧靜，
接受我無法改變的人事物，
有勇氣改變我能改變的，
也有智慧分辨哪些能改，哪些改不了。

如果你太努力幫助某個人，請停下來，**讓那個人做自己。不要把「讓他們變好」變成你的使命**。如同一位患者曾經發誓：「我要停止愛上救苦救難。」有時是該給予，有時則該替自己充電。健康的給予是優雅、有耐心的，還能讓你微笑——這是你送給自己與他人的療癒禮物。

獻身於看護

擔任看護，讓你有機會照顧身心靈脆弱的人士。這是讓你的同理心發光發熱的時刻。不論你是兼職還是全職的照顧者，被照顧的人會依賴你，可能產生很多的需求，因此感到更加脆弱。

我深知擔任照顧者是一門速成課，你不得不立刻學著運用同理心與自我照顧，也得學著把事情分出去。我的父母一前一後生病，去世前的最後日子都是由我負責照顧。這份神聖的責任讓我的心面臨考驗，刺激了我不自知的種種情緒。我顯然不是小孩。理智上，我當然明白這一點。然而，當你坐在父母的病榻旁、變成下決定的那個人，你有一種回不去的感覺。母親在去世前的幾個月，帶著沉重的清醒與悲傷告訴我：「支持妳與聆聽妳的問題的時候已經結束了。我現在必須把全部的精力用在抗癌。」母親和我進入一個全新的領域，我們的親子角色倒了過來。

擔任照顧者，有時會看到並感受到一些不想經驗的事——但這些事真實存在。有幾個月的時間，我目睹母親歷經可怕的折磨，逐漸不再是我熟悉的她。我充滿對母親的同理心，她的痛苦也讓我痛苦加劇。疲憊、麻木、害怕被拋下、失去的憤怒、敬佩、愛和奉獻之情，全部交織在一起。我忍不住想：「一個人能百感交集到什麼程度？」我內心深處的許多不安，即將衝破我幹練的外表。我的療癒課題是對自己慈悲。

時間快轉到五年後，這次換成照顧父親。我看著父親的失智情況愈來愈嚴重，也因為巴金森氏症失去行動能力。我有幸在他離開人世時，守在他的病床旁。那是最親密、最痛苦、最感人的經歷。最重要的是我感受到愛。

一九九〇年代，當我的父母在不同的時期生病，我還沒有像現在這樣，學會穩住與保護自己的技巧，例如運用防護罩和回到中心。如果我當時就會，相關技巧可以協助我補充能量。我是獨生女，身旁又沒有其他親戚，對我或任何人來說，照護都是很大的負擔。但我學會尋求專業的協助，慈愛的看護人員真是上天的恩賜。他們陪伴我的父母，讓我休息、看病或去海灘散步。

我很感激，父母能夠平靜安穩地度過最後的日子。他們不孤單，也不缺乏愛的目光。我是他們的代言人，是他們的依靠；在這場風暴中，我是關愛他們的熟悉面龐。父親曾經告訴別人：「茱迪斯用她的翅膀庇護我。」

如果你有幸活得夠久，可能必須照顧年邁的親人。你將走過各種艱鉅的歷程與變化，我無法協助你做好百分之百的準備，不過我可以告訴你，照顧父母是我扮演過最重要的角色。這件事協助我打開心扉，不再恐懼，幫助不完美，但曾經養我、疼我的寶貴親人。

實用的照護訣竅

對自己有同理心，能讓你好好陪伴他人。健康的給予，代表有時要暫時離開你幫助的人，去冥想、睡覺、照顧自己的健康、看好笑的電影，或是和朋友聊聊天。你也可以抱抱你的動物伴侶或絨毛玩具，滋養你在照護過程中經常迷失自我的內在小孩。此外，不論你是協助斷了腿、動彈不得的朋友，還是生了病或抵達生命尾聲的父母，以下是五個實用的小建議。

一、當心你的好意令人窒息

有時你會幫過頭，令人喘不過氣。雖然你是好意，但不知不覺中，你過度侵犯對方的空間，圍著他們轉，緊張兮兮地問東問西。你把他們當成嬰兒，不停問著：「親愛的，有沒有好一點？會痛嗎？」從對方的角度來看，他們會覺得自己被當成生了病的無助嬰孩。**有人依賴你的時候，這可不是有益的訊息。**當然，你不能小看他們的痛苦，但是當你看著生病的人，你要看到他們的力量，並反映出他們身上最有活力的每件事，讓他們也能看到自身的力量。

二、瞭解當超級給予者的利弊

擔任超級給予者，會讓你感到人生有目的，因為你替他人的生活做出貢獻，得到幫助的人也會真的受益。超級給予者通常活力充沛，替病人做事並爭取權益。曾有癌症康復者告訴我：「在我治療的初期，有一位超級給予者幫助我，隨時關注每個細節。」

即便如此，超級給予者有可能因為害怕被拋棄或拒絕，變成過度付出。他們的潛意識動機是，只要萬事都得拜託他們，對方便離不開自己，但事實不一定如此。

如果你是超級給予者，那就享受自己的優勢，但也要重視自己的健康。你在危機期間可能充滿鬥志，一旦危機過去，人就垮了。在那樣的時刻，你可以凝視牆壁，需要睡多久便睡多久，兩者都具有療癒效果。你要盡力維持平衡，才能照顧自己，且在不心生怨言的前提下幫助人。

三、知道擔心與關心的區別

擔心是把心思放在對特定目標的焦慮，例如擔心親人的健康。長期擔心個不停的人，可能只是試圖掌控或克服對某個情境的無力感。

這份擔心也可能是因為你相信，要是不擔心，就代表不夠在乎，或是會發生不好的事——這是一種迷信或文化中根深柢固的想法。例如，我有一個朋友跟我一樣，有個成天憂心忡忡的猶太母親。有一次，我的伴侶打電話給這位朋友打招呼，結果她緊張到無法呼吸，急著追問：「怎麼了？你跟茱迪斯還好嗎？」我的伴侶回答：「我們很好啊，怎麼這麼問？」她說：「你沒事不會打電話給我。」哎呀！我和她成長的家庭，天天都在焦慮，無事不擔心。

有人生病時，我們自然會產生合理的擔心，但是**擔心卻讓關心變成折磨**。擔心是人之常情。我知道這可能很難接受，然而，**擔心於事無補**。如果你今天在爬山，卻一直擔心明天可能帶來壓力的事，那麼這場攀登將十分艱難。

也因此，身為照顧者的你，如果忍不住會擔心，請深吸一口氣，接著緩緩吐出。專注於當下，不要把擔憂投射到未來。保持對當下的專注，眼前的任務感覺起來就沒那麼難了。以輕鬆的態度和不擔心的眼神對待病人，有助於減少病人的擔憂，加快復原的速度。

四、培養寬容與耐性

罹患急性或慢性的疼痛或疾病，或是行動不便，有可能讓人變得易怒或渾身是刺。我在UCLA的精神科擔任住院醫師期間，從醫院的資深人員那裡瞭解到，最凶悍的病人往往活得更久，友善的病人則容易撒手人寰。我雖然不提倡惡劣的行徑，但有時難搞是因為病重的人想頑強地活下去。

即便如此，如果你照顧的人脾氣暴躁或是刻薄，請試著理解他們的處境，尤其是臨終之時。寬容一點，不再試圖改變他們。即便難以接受，或是無法眼睜睜看著他們那樣做，他們有權用任何他們想要的方式離開人世。

寬容的意思是「讓自己活，也讓別人活」，不去糾正他人的信念或行為。放在照護的情境裡，有可能是包容病人的沮喪或一直處在痛苦之中。請保持耐心。本書反覆提到要設定健康的界線，遵守相關指南將保護你的精力。

同樣重要的是，對自己也要有耐心。你處於吃力不討好的狀況，每天都可能碰上亂七八糟的事，感到疲憊和急躁情有可原。如果照顧的壓力太大，休息一下，穩住自己。提醒自己：「我有同理心。我盡力了。」

五、向外尋求支援與資源

如果你正在協助慢性病患者或末期患者，尋求外援或把事情分出去，有可能救你一命。我懂你有每件事親力親為的衝動，畢竟世上沒人比你更瞭解、更愛這個病人，請「陌生人」照顧他，可能讓你不安。即便如此，學會尋求支持，對你的療癒很重要。

許多方法都能做到這一點。如果你能夠負擔兼職或全職的專業助手，那就使用這些服務，給自己喘息的空間。你也可以找人定期打掃房子，讓心情更平靜，生活環境也不會那麼雜亂。

住家附近的基督教教堂、猶太會堂，或其他的信仰中心，如聯合教會（Unity church），都提供照顧者支持小組。其他的資源包括癌症或喪親支持團體。美國的全國精神疾病聯盟（National Alliance on Mental Illness, NAMI）提供熱線服務；如果你需要照顧精神疾病患者，這個聯盟可以協助你找到支援服務。

如果你不喜歡參加活動或小組，線上支持可能更適合你。你可以參加 Zoom 視訊會議或電話會議，光是旁聽就能受益。雖然用這種方式求助，可能讓你感到彆扭，但是就身心健康而言，找到懂得你在經歷什麼的人很重要。

不再需要照護時

有一天，你可能不再需要擔任照顧者。有時，過渡期就是一段哀悼過程，釋放你目睹的創傷。完成這個階段後，你必須向前邁進，但是要如何做到？你可能出現身分危機，感到茫然：「不再扮演看護的角色後，我是誰？」你會湧出各種情緒，需要的話就尋求支持，替犧牲奉獻的自己補充能量，不再停留於照護者的角色或生存模式。

我曾經在密集的幾個月裡，全力協助一位背部開刀的親戚痊癒。幸運的是，這位親戚恢復到不再需要我協助的程度，但是這段照護經歷結束後，我很自然地感到疲憊和失落。為了重新站起來，我需要補回先前照顧對方所耗費的大量精力。因此我在冥想時，有意識地請求那一部分的能量回到身上——大約是我總能量的兩成。我告訴自己目前的現實：「她現在好多了，也有足夠的支持。我的照護工作已經結束。」這樣的過程讓我重新連結到滿滿的活力，替這段時期畫下句點。

照顧的角色通常有始有終。轉換到這個角色時，要對自己有同情心；退出這個角色時，也要對自己有同情心。永遠不要忘記，這是很重要的一段經歷。記得仰望星空與蒼穹，知道自己永不孤單。如果你願意讓自己去感受，會有一隻無形的手引導你。

同理心行動時間

照護者的冥想

在安靜的家中或安全的地方，深吸一口氣，然後完全呼出。你帶著慈悲的心，找出累積在身體裡的任何壓力。你的肩頸是否緊繃？你的頭腦是否混亂？是否感到疲憊或易怒？一切都很正常。面對每一處的疼痛，每一絲的焦慮、擔憂、沮喪或疲憊，都要抱持同理心，注入愛的能量。對自己要有耐心。你正在替他人服務，這是偉大的同理心行為。記得要重新連結你的能量和靈魂。你在成長，你在給予，你的心靈正在進化，記得感受這個機會帶來的深刻力量。

第8章 自戀、反社會與病態人格

什麼是同理缺失症？

有些人的神經或情緒系統無法連至同理心。行為科學家將這種情況定義為「同理缺失症」（empathy deficient disorder）。這樣的人專注於自身的需求，忽視或不在乎他人的感受，缺乏道德羅盤。

這一類的人都有可能成為霸凌者，我將教你如何辨識這些有害與狡猾的性格，避免被這類人表面的魅力或空洞的承諾給迷惑。為了保護自身的同理心，你必須意識到**他們不是你的盟友**。

即便如此，我見過許多富有愛心的患者，他們實在無法想像，世上怎麼可能有人無法擁有同理心。你可能跟他們一樣，心想：「這怎麼可能？」你可能假設：「只要我——，他們就會好起來，然後有所改變。」我也希望真的是這樣，但依據我多年的臨床經驗來看，事實並非如此（不過我們對同理缺失症的瞭解也不斷在增加）。你可能沒意識到，如果你愛的人或同事患有同理缺失症，你可能在緣木求魚。

我有患者過度同理這樣的人，一直處於否認的狀態。他們告訴我：「我明白你的意思，茱迪斯，但某某人是例外。他們的童年太悲慘了，我能感受到他們真正的潛力。」我的患者因此出於善意，不停地試圖贏得這些人的愛，撫平他們的痛苦，在過程中吃盡苦頭，直到這段關係一塌糊塗，才終於放手。要放棄某個人或看見他們的缺點確實很難，但是錯誤同理不該同理的人，不會讓他們變成你期望看到的有心之人。你可能跟我的患者一樣，永遠無法理解怎麼會有人沒有半點同理心，但至少你可以接受現實。

所以讓我們一起踏上學習之旅，探索同理缺失者的本質，瞭解如何辨識他人的特徵與自保之道。請記住，自戀者等有同理缺失症的人，他們想讓你明白他們的強大。真正關心你的人則希望你認識自己的力量。

同理心光譜

你可以把同理心想成光譜。位於中間的人，擁有「日常同理心」這項可貴的品質，有關心他人的衝動。再上去是高度敏感的人，他們對生活有著強烈的感受，但往往也因為噪音或光線等感官過載，感到無法承受。光譜的頂端是共感人，他們具備高敏人的一切特質，還可能像海綿般吸收他人的情緒。光譜的最底部是有同理缺失症的人，包括我們即將探討的自戀者、反社會人格者、病態人格和霸凌者。

只要你從中學到東西，那就沒有走錯路這回事。有的路只是比別條路難走。

你要和誰維持關係，那是你的選擇。然而跟許多人一樣，尤其是假使你嘗試看到別人最好的一面，你可能從未接受過同理缺失症的教育。本書持續探討的主題是重視自身需求，設下界線，遠離具破壞性或是以其他方法傷人或漠視你的人。有太多的兒童和成人困在不健康的關係當中，承受巨大的痛苦。如果你在過去做過不明智的關係抉擇，現在有機會變聰明。本章將擔任你的嚮導，教你辨識與應對有同理缺失症的人。

類型一：自戀者

本節所說的自戀者，專指有「自戀型人格疾患」（narcissistic personality disorder，簡稱NPD）的人，不僅有一、兩項自戀的特徵。後者如果接受心理治療，還是能有一定程度的同理心和成長潛能。

如同在希臘神話中，悲劇人物納西瑟斯（Narcissus）愛上自己在池塘的倒影，自戀者愛上的是自己。每一件事都與他們有關。在任何的交流中，只有一個人存在，而那個人不是你！雖然有的自戀者讓人無法喜歡，你也討厭他們的自負，但大部分的自戀者頭腦聰明，幽默風趣，魅力十足，讓人心中小鹿亂撞，還擅長察言觀色。自戀者是專業的誘惑者，他們吸引你，說出你想聽到的話，包括你們的關係都充滿無限的可能。

自戀者知道如何在有意無意間引導心的能量。事實上，他們經常進行「愛的轟炸」（love bombing）。這個誘惑的技巧會在短期內讓你感到自己很特別，從而變得順從。愛的轟炸包括：讚美、送禮物、替不好的行為致歉、認識沒多久就表達熱烈的情感、持續寄簡訊或打電話，說出你一直夢想聽到的話。自戀者可能顯得很有同理心，甚至把自己包裝成你的救星，告訴你「我有辦法解決你的問題」，但他們擅長戴上假面具。

自戀者的人際關係是一場交易：「如果你為我做這個，我就替你做這個。」自戀者的典型模式是先把你捧上天，接著貶低你，最後拋棄你。如果你不順從他們的心意，不肯照他們的安排走，他們就會變得冷漠、疏離並懲罰你，讓你感到他們不要你了，你必須贏回他們的認可。他們把你搞得精疲力盡，必須克服重重關卡，想辦法討好他們。此外，自戀者還可能用煤氣燈效應操縱你，讓你感到自己的反應是「瘋了」才會那樣，開始懷疑自己。

舉例來說，如果你的配偶外遇，甚至被抓到，他照樣會否認這件事，宣稱：「你疑神疑鬼，誇大整件事。我們不過是一起喝咖啡。」

此外，他們通常會用「投射」（projection）這項心理防禦機制來操縱你。如果你說「你發脾氣讓我很傷心」，他們會用這句話倒打你一耙，說：「我沒發脾氣，是你在發脾氣。」接下來，如果你質疑他們或是為自己辯解，他們就會直接或間接地表達：「不聽我的就滾。」這種態度顯然不利於親密關係。

自戀者經常一次次重複相同的有毒訊息，比如「你真沒用」，直到你也開始相信自己沒用。重複是一種廣為人知的說服技巧，廣告公司經常使用這一招。心理研究指出，重複簡單的字詞，可以讓人相信真有其事，假的說多了就變成真的。

歷史上著名的自戀型人格疾患領導者，包括凱撒、拿破崙和瑪麗．安東妮（Marie Antoinette）。瑪麗因為忽視飢餓的巴黎「平民」而出名，最後引爆了法國大革命。

自戀者通常擁有下面大多數或所有的特徵。即使只符合其中一、兩項，八成也有一定的自戀傾向。

自戀者的常見特徵

- 需要讚美、恭維和肯定。
- 好大喜功、喜愛操控、自以為是。
- 缺乏同理心。
- 操縱與貶低他人。
- 施予情感上的小恩小惠，讓人持續上鉤。
- 煤氣燈效應和說謊。
- 愛的轟炸。
- 用冷漠、冷戰與其他形式的拋棄，來懲罰別人。

自戀主要分為兩種類型：浮誇型（grandiose，也就是明顯型）和脆弱型（vulnerable，隱藏型或私下偷偷來）。浮誇型就是我們通常會想像的那種自戀。這種類型的人喜歡自誇與成為注目的焦點，覺得自己很重要。他們身旁都是「忠誠」的人，什麼都聽他們的。浮誇型自戀者可能執著於外貌、成功和財富。他們通常會向世界展現美好的形象，私底下卻虐待與利用親友。有的自戀者全身散發魅力，讓你神魂顛倒。

相對而言，脆弱型自戀者更為隱祕、小心、難以辨識，因為他們傾向躲避聚光燈。他們可能因為不安、自尊心低落、焦慮或憂鬱而躲起來。儘管他們的脆弱是真的，他們會利用這一點來操控他人，有如披著羊皮的狼，看似溫柔，甚至是害羞、謙遜、關懷他人。然而，他們接著就會利用自己的大度來控制你，讓你感到對他們有所虧欠。你的感激和依賴會助長他們的行為。此外，他們可能偽裝成「受害者」，引發你的同情心。[1]

不論是浮誇型或脆弱型，從缺乏同理心和喜歡操控別人，一直到最會虐待人、最具攻擊性與施虐傾向，自戀型人格疾患有好幾種程度。靈性導師尤迦南達（Paramhansa Yogananda）曾經這樣描述毀滅性人格：「有的人試圖砍斷別人的頭，好讓自己顯得高大。」[2]

當你辛苦工作一整天回到家，自戀者八成不會問你：「今天過得怎麼樣？」

什麼是自戀供應？

自戀者主要想在別人身上施展影響力，而不是分享感情、愛或不同的觀點。他們需要讚美、同理心、關注，以及你的順從和崇拜。他們永遠想被當成男神女神，也就是獲得所謂的「自戀供應」（narcissistic supply）。

自戀者會在欺騙和操控你的時候，感到大權在握，這種支配感讓他們獲得滿足，你愈是困惑、情緒愈激動愈好。他們喜歡看到你失控，顯得他們可以運籌帷幄。此外，自戀者會透過引誘、憤怒、懲罰和霸凌來滿足自身的需求。由於缺乏同理心，他們可以毫不愧疚地折磨他人。

自戀成因

哪些因素會導致自戀的性格？自戀是先天，還是後天造成的？事實上，教養與基因都有影響。

自戀與早期的依附創傷有關。由於孩子沒有得到健康的連結、愛或父母的保護（父母有可能過度保護，也可能忽視孩子），因此發展出應對的生存技能，例如操控他人與環境。父母示範的榜樣也可能是影響的因素。有的孩子會模仿自戀父母的行為。此外，研究顯示某些特質是遺傳的，如浮誇與自命不凡。[3]我們並不完全瞭解自戀型人格疾患的完整成因，相關研究仍在進行。

> 自戀的人永遠不會問：「我自戀嗎？」他們相信自己絕對沒有錯。

自戀有辦法治嗎？

我認為要透過心理治療，讓自戀者有所進展很難，甚至不可能。自戀者有可能學會配合，讓自己看起來不再那麼像控制狂和自私自利，但只要稍微施加壓力或讓他們失望，通常就會再次出現操控行為。

美國精神醫學學會（American Psychiatric Association）的《精神疾病診斷與統計》（*Diagnostic and Statistical Manual of Mental Disorders*，簡稱 DSM-5）將自戀與反社會人格者（DSM-5 手冊並未納入病態人格），一起歸類為難以治療的人格疾患。這些人一般無法或不願意承擔任何衝突中的責任，於是怪罪他人。他們的態度是：「你說誰？我？我沒做錯任何事。」**自戀者要麼相信自己的謊言，要麼覺得自己有權散布謊言。**如果要有任何改善的可能性，他們必須與專業的精神科醫生，或其他接受過自戀治療訓練的心理健康專業人士合作。我見過太多缺乏經驗的治療師被自戀者操弄，反過來相信他們的說詞，妖魔化自戀者的伴侶、同事或家庭成員。

「眼動脫敏再處理」（eye movement desensitization and reprocessing，簡稱EMDR）等創傷治療，可能對具自戀特徵的人有幫助。部分精神分析師認為，進行多年的分析能幫助自戀者。此外，十二步驟計畫也能幫到部分的自戀者。匿名戒酒會（Alcoholics Anonymous, AA）和匿名戒酒會家屬團體等計畫，強調謙遜與服務。自戀型人格疾患者至少可以在某種程度上，逐漸學會更加慷慨與包容，並在沒做到時提醒自己。有一名年資三十年的匿名戒酒會成員曾經當過毒販，也曾古柯鹼成癮，還坦承是自戀者。他說在戒毒之前，他一輩子沒意識到其他人也需要幫忙！如今，他每天至少努力幫助一個人。

遇到自戀者如何自保

萬一你身邊有自戀者，尤其是避不開的人，如上司、同事或親戚，請對自己發揮同理心。如果你被他們操控，那就調整心態，重新開始。穩住心神後，你會更知道該做出什麼選擇。此外，還可以按照以下八個步驟保護自己：

一、認出自戀者常說的話

- 「我能得到什麼？」或「這對我來說有什麼好處？」
- 「我所有的前任都是瘋子。」
- 「你反應過度了，我沒那麼說。」
- 「你總是誤解我。」
- 「你不理性。」
- 「你怎麼搞的？」
- 「我難道沒你的朋友重要？」
- 「這不是我的錯。是你逼我的。」

二、留意對方是否出現以下的自戀行為

- 只顧著談自己，不問你的情形。
- 擺出高高在上的態度，提供不請自來的建議。
- 責怪你或羞辱你。
- 對你的痛苦缺乏同理心，把話題轉回他們自己的痛苦上頭。
- 除非想從你身上得到什麼，否則很少對你感興趣。

三、製造小摩擦

如果你不確定某個人是否自戀，可以試著挑起一個小衝突。自戀者只要得償所願，通常表現得風度翩翩，但如果你拒絕，自戀者就不會那麼友好了。如果你告訴他們「我今晚不能見面」，他們有可能指控「你不重視我們的關係」，或是陰陽怪氣地指責你。他們的反應能協助你準確評估（如果有治療師指導，從旁支持，你可能更敢進行此種測試）。

四、不再否認

你可能會替自戀者找藉口，一直希望他們的行為會改變。即便感到痛苦，請睜開雙眼，務實以對，才能做到自我照顧。

五、降低你的期待

你在自戀者身旁，情緒上永遠會感到孤獨。你要接受自戀者無法給你無條件的愛或同理心，請改向其他人尋求關愛和親密感。

六、別把自我價值建立在自戀者身上

由於自戀者想掌控你，會經常藉由貶低你來達成目的。小心不要試圖贏得父母一輩子

不曾給你的關愛。你要明白自己是個有價值的人，不必努力獲得他們的認可。

七、迎合他們的自尊

如果是上司、公婆或其他你無法離開的人，說出你的想法中對他們有利的地方。講事實就好，不必動之以情，例如「我要是能在這些日期休假，我更能替公司賺錢」。儘管你討厭迎合他們的自尊，這種方法通常更能讓你如願。

八、留意自己的情緒地雷

不要和自戀者爭論——那樣只會正中他們下懷。如果你感到被刺激，停下來，深呼吸，盡快離開。在做出反應之前，先讓自己平靜下來。

與自戀者斷絕關係：切斷他們的供應

如果你準備好和自戀者告別，別忘了他們會抗拒。**自戀者的供應被剝奪時，他們會不顧一切，不擇手段得到想要的東西**。自戀者很少會和平地離開。他們不會（真心）說：「我理解並支持你的決定。很抱歉我傷害了你。」反而會試著讓你懷疑自己離開的理由。

放下一切的希望，不要期望自戀者會改變。

敏感善良的人經常浪費大量的同理心，試圖理解自戀者，把他們往好處想。好人通常在這種關係停留太久，希冀對方會改。然而，同理不願改變的人，只會適得其反。你在這樣的關係裡，首先要保護自己。別再試圖治好這個人或者表達你的情感。你應該把所有的同理心改用在自己的療癒上，才能找到互相關懷的關係。

自我同理心的意思是告訴自己：

- 我沒做錯任何事。我被引導進這種情境，不是我的錯。沒人教過我自戀是怎麼回事。
- 我飽受折磨，精疲力竭。我努力讓這段關係成功，但現在我要離開了，我必須振作起來，展開療癒之旅。

當你結束這段關係，想重新掌控自身的力量，此時設定明確的界線很重要，且要堅定地執行下去。如果你不得不和自戀者保持聯絡，記得要經常表達你的需求，保持中立。如果你做不到他們要求的事，就斬釘截鐵地拒絕，例如「如果你對我不客氣，或是朝我發洩怒火，恕不奉陪」。不論你的拒絕清單上有什麼，從自信地說出來開始。

另外，「灰石法」（grey rock method）也能協助你應對自戀者的操控：努力像一塊灰色的石頭，不動如山。避免持續的眼神接觸或肢體互動，譬如被迫擁抱或握手。保持堅定，維持冷靜。不讓自己受到刺激，不起衝突。自戀者會從衝突和爆發中獲取能量。如果有問題要解決，就專注於解決方案，互動時間不能太長。減少接觸與避免上當，可以切斷自戀的能量，減少他們的破壞行為。

有時，完全斷絕關係是可行的，比如雙方沒有共同的孩子，或者自戀者不是你一定得互動的同事、朋友或親戚。你也可以選擇離開次要的往來，比如和服務提供者保持距離。即使你已經光顧多年，不代表你不能離開。

如果你和自戀伴侶之間沒有羈絆，也準備好離開，最好的方法就是徹底切斷聯繫，也就是不再聯絡。不去查看他們的社群媒體帳號，看他們在做什麼。不僅在平台上封鎖他們，手機上也要封鎖。這樣一來，就不需要面對他們愛玩的心理遊戲或求你留下的誘惑。你是自由的。

當你徹底斷絕往來，將必須忍受結束關係帶來的痛苦和渴望。這種感覺就跟戒毒一樣。做好心理準備。痛苦時就深呼吸，一切會慢慢好轉的。

需要支持的話，千萬不要猶豫，快找專門處理自戀和創傷康復的治療師或教練。此外，也可以參加免費的十二步驟支持小組，學習建立更健康的關係，例如可以線上或線下參與的共依存症無名會（Codependents Anonymous, CODA）。獲得鼓勵和支持，會讓你的路更好走。

多久才能從自戀關係中恢復？

從自戀的關係中恢復，也包含重新建立對自己的同情心。剛離開時，通常會感到一陣莫大的解脫感，但隨後你會崩潰，湧出恐懼、憤怒、報復的欲望和自我懷疑。出現這些感受是人之常情，但要記住，快樂就是最好的報復。允許自己在安全的地方發洩情緒，譬如寫日記，或是向心疼你的傾聽者訴說。不要衝動行事，也不要讓自戀者知道這些情緒。愈是和他們保持距離，康復的速度就愈快。

康復的時間線是什麼？我看到患者在分開的頭幾天和頭幾個月，短暫體驗到一閃而逝、令人欣慰的解脫感。接下來，這種感覺可以延長至數小時，接著愈來愈長。隨著時間的推移，解脫感得以延續更長的時間。堅定執行這個方式，持續同理自己，自尊心也會逐漸恢復。

為了協助你成功脫離自戀者，也可以使用以下改編自《共感人完全自救手冊》的方法，練習切斷紐帶的視覺化冥想練習，放下這段關係，消除任何你感受到的殘餘連結。

切斷紐帶

在平靜的狀態中，想像你和對方之間連結的光束。大聲說出或在心中默念：「這段關係結束了。現在應該永遠切斷我們的連結。」接下來，想像自己拿起剪刀，徹底剪斷這些連結，讓所有的能量紐帶消失。

療癒的下個階段是專注於你想建立的生活。一旦離開，不要沉湎於過去，也不要猜測對方的想法，或是他們跟誰在一起。把所有的正向思維和行動，導向替自己和世界做好事。

小心操縱的手段

做好心理準備。如果你打算離開，自戀者可能會變本加厲，卯足了勁誘惑你、說服你，讓你改變心意，但他們展開攻勢時，不要動搖。你要堅定意志，不為所動，留意自戀者用來控制你的心理遊戲。

吸引你回去

你的伴侶會看起來滿臉真誠，不斷用空洞的承諾引誘你回去，例如「沒有你我活不下去」、「我會接受治療」或「我會多陪陪你和孩子。我會改」。他們會死纏爛打，降低你的抗拒力道。

他們還可能傳簡訊，讓你覺得自己很特別，例如「我好想見你，我滿腦子都是你」。你心想：**或許他真的很重視我們的關係**，或是**他從前過得不幸福，不是真的有意罵我「白痴」**。於是你開始懷疑自己是不是做得太過頭，不知不覺中又被這段關係掌控。

如果你不回應，他們可能會加大求你回去的力道，出其不意出現在你家、送花或禮物、打電話給你但又掛掉，或是留下多通留言。他們甚至可能雇用私家偵探監視你的活動，尋找對付你的證據。

假意恭維

自戀者認為別人跟他們一樣喜歡聽到恭維，因此把你捧得高高在上，以達到目的。他們會用甜言蜜語占便宜。如果你覺得自己害羞和內向，他們會說：「我喜歡靜靜思考的人，那真是難得的特質。」或是如果你感到鬱鬱不得志，他們可能會說：「在你的領域，大家都尊敬你，我也很仰慕你。」當然，被欣賞的感覺很好，但這種策略性的恭維過於刻意。

自戀者只是在利用這些話語操縱你，讓你重回他們的掌控。

貶低式讚美

「貶低式讚美」（negging）是近期在流行文化和社群媒體出現的詞彙，意思是給你暗藏嘲弄的讚美，或是傳送半是讚美、半是打擊的訊息，比如：「你現在看起來比以前有魅力多了，在健身嗎？」你心想：「啊？他這樣說是什麼意思？」貶低式讚美的目的是削弱自信，讓你質疑自己的決心。如果你永遠必須試圖解讀對方的評論或行為，那可能是貶低式讚美的徵兆。

讓你眾叛親離

自戀者會暗地裡玩把戲。當你抗拒他們的操控，他們可能威脅你要讓你身敗名裂，破壞你的社群地位。害你日子難過，讓自戀者再度感到自己有能力掌控你。由於自戀者缺乏同理心和良知，傷害你不會有任何心理負擔，反而覺得你活該。

因此，自戀者會毫不猶豫地在孩子、同事或任何願意聽的人面前，講你的壞話或散布謊言，讓親友站在他們那一邊，譬如指控你是「不合格的父母」、「自私」或「不負責任」。他們會一邊詆毀你，一邊搶奪孩子的監護權，限制你的探視權，在輪到你見孩子的日子「忘記」出現。這些手段讓他們吃定你，自戀的感覺也不斷增強。

你贏不了自戀者的遊戲。不要隨之起舞——就對了。

我的方法可能違背直覺。你想要口頭反擊，保護自己，但這樣**其實**是以更明智、更有EQ的方式，削弱自戀者對你的掌控。你仍然在表達需求，但不再被他們耍得團團轉，同時維持內心的平靜。

佛教將這種嚴格的情緒修煉比喻為「學著倒著騎牛」。牛象徵著穩定，但是在生活中，我們必須學會在動盪的環境中冷靜地騎牛（有時甚至是倒著走）；順風順水時，也要享受騎牛的樂趣。

脫離關係時，記得把每個小進展銘記在心。如果你有辦法遠離和自戀者打交道的混亂和心痛，這段經歷將成為寶貴的一課，你學會如何同理自己，抵擋人性的黑暗面，認識到自身的價值和內在力量。

類型二、反社會人格與病態人格

自戀者和反社會人格障礙者（反社會人格者）有許多共同的特徵，例如膨脹的自我形象、強大的說服力和操控力，以及缺乏同理心，因此經常同時被診斷為自戀與反社會。不過，不是所有的自戀者都是反社會人格者。整體而言，反社會人格者以魯莽衝動出名，他們會碰上法律糾紛，可能因此入獄。相較之下，自戀者更為圓滑，極度渴望光鮮亮麗，擺出成功人士的模樣，受人追捧，也因此相較於反社會人格者，自戀者會在意別人的看法。

著名的反社會人格障礙者，包括基金經理人馬多夫（Bernie Madoff），他騙走成千上萬退休人士及其他民眾的積蓄；泰德・邦迪（Ted Bundy）是靠著自身魅力吸引受害者的連續殺人犯；艾琳・伍羅諾斯（Aileen Wuornos）是最著名的女性謀殺犯；查爾斯・曼森（Charles Manson）則是魅力十足的邪教教主與殺手。這些惡名昭彰的反社會人格者，以及其他患有此障礙的人，具有以下的類似特徵。

反社會人格者的共通特質

- 無視於社會規範，習慣詐欺。

- 在財務上占你便宜，並為這種遊戲感到興奮。
- 不會因為欺騙你而感到自責。
- 行為具有破壞性與危險性，追求刺激。
- 流露怒氣和憤怒。
- 意識到自己的行為，但加以合理化。
- 無法維持規律的工作或家庭生活。

如果要判斷某個人是否為反社會人格者，要看他做了什麼，而不是說了什麼。問你自己：「他們是冒險者嗎？換成是我。會那樣做嗎？這樣安全嗎？」他們有可能施展魅力，試圖說服你在商店偷東西很刺激，或是騙你投資某個「穩賺不賠」的金融商品。你要觀察他們是否為了得到想要的東西，寧願傷害別人。此外，也要問一問你的直覺。你能接受他們的想法嗎？你是否心中七上八下，感到「要小心」？如果是的話，你可能在和反社會人格者打交道。

病態人格者是另一種相關的人格，散發魅力，但缺乏同理心。雖然《精神疾病診斷與統計》（DSM-5）的正式診斷並未納入病態人格者，病態人格者是極端版的反社會人格者和自戀者，更加危險，也更狡猾。此外，他們可能在人前過著普通的家庭生活，以掩護犯罪活動。他們是操控人心的高手，也是冷血的殺人犯，隨隨便便就能殺人，因為他們感受不到內在的煎熬。此外，病態人格者有著不可思議的能力，能讓你拋下道德和常識，屈服於他們的支配。

什麼原因會導致某個人成為反社會人格或病態人格者？研究顯示，大腦的缺陷和損傷，以及早期的創傷都可能有所影響。[4]也有人推論，在受到威脅的情境下，他們的自律神經系統不會觸發「戰或逃」的反應，也因此更少有東西能「制止」他們的行為。有研究提出，放鬆的迷走神經輸入有助於在關係中建立安全感，但病態人格者不太會回應。危險也不會讓他們產生情緒反應，因此在其他人恐懼的情境中，他們依然能保持冷靜。[5]事實上，研究顯示，即使病態人格者感到不安，他們的內心會在傷害他人時平靜下來。[6]

有的人認為，反社會人格是後天形成的，病態人格者則是天生。[7]病態人格者通常有持續一生的行為模式，而反社會人格者的行動有可能是從情境中學來的，例如，跟學校裡的「壞孩子」來往，或是在美化犯罪生活方式的文化裡成長，不過，不是所有的專業圈子都認同這些講法。我期待新研究帶來的發現。

雖然自戀者比反社會人格者和病態人格者常見，我們還是能運用類似的應對策略。理想上，最好能避開這種關係。不論他們多有吸引力，或是看起來多可信，一旦和這種人糾纏上，你沒有多少「贏面」。如果是你持續來往的家庭成員，那就練習設定明確的界線，不捲入他們的財務或其他的犯罪計畫。如果是你的上司，最好換工作，永遠拒絕加入任何可疑的商業行為。至於病態人格者，他們當然可能構成人身危險，同時散發你必須抗拒的魅力。小心特別迷人的人，直到證明他們真的可靠，言行一致。

碰上霸凌者的時候

連續霸凌者往往表現出自戀、反社會或病態人格的傾向，還可能有同理缺失症，[8]顯得傲慢自大，瞧不起別人的成就或個人特質。

霸凌者出了名喜歡針對他們眼中「與眾不同」、弱小、有缺陷、無法自保的人。霸凌者想要什麼？他們主要想壓過別人（因為他們內心深處感到無力），方法是詆毀欺侮的目標，不把對方當人看。

是什麼驅使了霸凌行為？相關因素包括：恐懼人們的不同之處、尚未解決的創傷、低自尊、脆弱的自我、不安感，以及父母的糟糕榜樣。許多霸凌者透過殘忍或報復的行為獲得快感，潛意識感到：「如果我讓你變成錯誤、弱勢或『怪異』的那一方，那麼我對你的仇視、憤怒和不當對待就是合理的。我否定你的價值，讓我的朋友把你當成替罪羔羊（暴民心態），這樣我就能控制你。」即便理解了這種心理動態，也永遠不代表霸凌行為是合理的，這不過解釋了動機與缺乏同理心的原因。在精神病學的領域，這種處理恐懼和創傷的防禦機制稱為「去人格化」（depersonalization），也就是把他人視為無關之人，或不當成人來對待。為了保護你的同理心和內心的平靜，面對霸凌者，可以採取以下的策略。

應對霸凌者的技巧

- 碰上霸凌行為時，告知你可以信任的人；不要因為羞愧而隱瞞。讓能提供支持的父母、配偶、好友、學校輔導員或職場的人資部門瞭解狀況。
- 停止期待霸凌者會對你產生同理心——他們大都不具同理心。
- 放棄試圖理解霸凌者，只需要接受他們受過傷，可能對他人造成嚴重的傷害。
- 不要對霸凌者的手段做出情緒反應。他們透過支配弱小而感到強大。保持冷靜，盡速離開現場。
- 如果你的親戚是情緒霸凌者，家族聚餐不要坐在他們旁邊。如果他們不肯罷休，盡量避免接觸。
- 如果上司是霸凌者，你可能需要暗中尋覓新工作。

- 如果有身體上的虐待與霸凌，請聯絡執法部門，尋求法律協助，取得保護令。堅持不退縮，足以破壞霸凌者的遊戲。

治療共依存症

有時你很想離開一段不健康的關係，卻感到掙扎。一部分的你，渴望重新開始並且往前走，但另一部分的你，不斷回到傷害你的人身邊。不必自責，你有改變與好轉的可能。為了找出你無法離開、獲得更健康連結的原因，可以先參考以下常見的障礙。

同病相憐

在同病相憐的關係（wound mate relationship）中，你們被困在自我挫敗的模式，透過彼此的創傷、痛苦和傷痛建立連結。不論是愛情或其他潛在的親密關係，你可能感到乾柴烈火，但其實是誤把激情當成親密，把掌控當成關心。你很訝異竟能找到跟自己如此相像的人，還以為他們是靈魂伴侶或知心好友。也因此，物質濫用者經常互相吸引，或者吸引其他「受傷的人」。另一種可能性跟剛才提過的一樣，你遇到了自戀者。自戀者操控你的自我懷疑與脆弱的內心，讓你為他們所用。

我的患者露易絲提到，她談戀愛總是遇人不淑。她說：「我的童年很苦，因此我覺得我跟同樣有不幸童年的人，有更多的共通點。我們懂得彼此。」這種表面上的心靈相通，讓露易絲無法理解為什麼這些關係會失敗。她不明白相同的情緒傷口，有可能導致伴侶無法展現健康的親密感。她也沒意識到，源自相同成長背景的一拍即合，不一定等同於愛。對方反而經常把挫折發洩在伴侶身上，反覆無常。露易絲因此在治療過程中，開始接受自己是在找同病相憐的人，這些關係既不健康，也帶來痛苦。露易絲探索自己的情緒模式後（像是必須過度付出，以贏得別人的愛），開始被更能建立親密關係的潛在伴侶吸引。

如果你感到自己也屬於這種類型，可以跟露易絲一樣，開始透過心理治療來療癒這種模式。露易絲獲得情緒成長之後，成為更體貼的伴侶，也更能建立健康的親密關係。參加共依存症無名會等十二步驟復原小組，也能協助你選擇接近更健康的人士。如果你尚未展開這樣的療癒努力，可能再次輕易被破壞性的關係吸引，因此要當心。

對別人的艱辛過往抱持同理心，不代表你就要接受他們今日對你不好。

治療這種模式的第一步是意識到這件事，溫和地探索任何會讓你重複陷入有害關係的想法，寫在日記裡。常見的例子包括：「唯有痛苦，才能讓我感受到親密感」、「愛我的家人是因為在乎我，才忍不住對我大吼大叫」。請溫柔地用更療癒的想法代替這些念頭，譬如「愛是相互尊重」或「健康的親密關係會讓人感到舒服與滋養」。對於過去讓你陷入同病相憐關係的想法，記得抱持同理心，才能在今日接受更能提供情緒價值的伴侶。

創傷連結與神經化學物質

創傷連結會讓你陷在同病相憐的關係當中，例如，自戀者經常利用間歇性增強的技巧，來鞏固創傷連結：也就是忽冷忽熱，偶爾施捨一點愛和關注，接著又收回，引發你大腦中類似成癮的渴求反應。

你有可能被熟悉的事物吸引，不懂得趨吉避凶，也因此，如果父母有一人或兩人都是自戀者，你可能會選擇類似的伴侶。你曉得被施捨一丁點愛的感覺，也清楚被忽冷忽熱對待的感受。你在這種關係待得太久，因為你害怕孤獨，或是深信沒了他們，你活不下去。此外，你渴望獲得自戀者的認可，因此出現創傷反應時，還以為那些傷害你的行為是正常的，不斷試圖贏得他們的愛。

吃角子老虎機讓人欲罷不能的原理，就是這種間歇性的增強機制。從大腦神經化學反應的角度來看，每次都贏讓人上癮或興奮的程度，比不上不知道會不會贏、何時會贏。在關係中，這種「對你好」與「忽視或虐待」的交替循環會產生催產素，刺激親密的連結，但同時也會產生皮質醇，讓人精疲力竭。這種不穩定的化學雞尾酒，讓你長期感到焦慮，渴望得到更多。

討好、奉承和共依存症

討好和奉承是共依存症的表現：你為了避免引發衝突或招惹批評，過度關注他人的需求，忽視自己。你變得「人太好」，不是自己的責任還拚命道歉。此外，你很難設定界線。這一類事件，通常是為了處理自戀者的控制行為而產生的創傷反應。當你意識到自己有這種傾向，下定決心要成長與改變，你會更善待自己。

如果你感到符合前述的模式，請對自己的經歷抱持同理心，準備好療癒自己。

你要明白一件事：我們在人生中遇到的每一個人，不論是否愛你，都能協助你成長。不要因為你曾經和有同理缺失症的人在一起，就責備自己。你可以從中學習，包括設下健康的界線以及拒絕受虐，不再重蹈覆轍。從虐待的關係重新站起來之後，你將感到海闊天空，你的人生可以擁有更多的尊重與愛。記得要珍惜自己，你值得擁有充滿尊重與關愛的人際關係。

同理缺乏同理心的人

同理缺失症／霸凌者不可靠，他們視你的愛心為弱點，認為可以隨便對待你。前文強調過，如果你曾經忍受這種關係，那麼對自己抱持同理心很重要。除此之外，要同理那些人的掙扎和情緒創傷嗎？那份同理合適或健康嗎？

碰上這種情形，同理心絕不是為了「社會正確」而去做的事。你可能跟我的某些患者一樣，堅持這輩子絕對不想同理這些「殘忍的人」。你當然有這個權利。感到憤怒、痛苦和創傷，都情有可原。

即便如此，你可能會在自身的療癒過程中，直覺自己可以嘗試同理。你不必原諒或忘記對方的行為，但可以對受過嚴重情緒傷害的人抱有一絲同理心。我有患者分享，這樣的態度幫助他們記住每個人的背後都有自己的故事，不過沒必要成為受害者。如此一來，就能在保護自己的同時，也能同理醜陋的行為。重點不是原諒這些人，而是理解背後有很深的精神病理學因素。

抱持同理心，有時代表必須做出極端的選擇，其他人通常不會那樣做。雖然同理害你遭受磨難的人，聽起來不合理，但是當你修復這段關係帶來的傷害，同理心會帶來意想不到的好處。

這是怎麼回事？答案是權力的平衡會發生轉換。這下子你成了做決定的人，設下更崇高的基調。你這麼做主要是為了自己，而不是為了他們。選擇改變關係的動態，可以獲得情緒的解脫。你開始感覺自己遠離了創傷，不再和傷害你的人綁在一起。你不再沉溺於痛苦。你更能呼吸。此外，你鬆了一大口氣，放手離開變得更加容易。

如果老是吸引到缺乏同理心的人——許多有愛心的人都是如此，那麼該是奪回自己力量的時候了。小心想要奪走你的力量的人。如果直覺感到不對勁，那就不要碰。如果有人叫你做違法或令人傷心的事，或是要你背叛或傷害自己或他人，不要聽他們的。如果你放任有同理缺失症的人這麼做，他們會把你拖入深淵。別讓他們有機可乘。

你要接近替人間帶來光的人，學著認識新的戀愛對象或新朋友。他們或許沒有你習慣的那種轟轟烈烈、曾經受過傷的強烈情緒，但請給新認識的人一個機會，不要太快認定他們「人很好，但很無聊」。許多創傷倖存者誤以為健康的關係很無聊，不習慣和關心他們、性格穩定的人相處。

你可以改變這種模式，尋找體貼、謙虛、替人著想的人。這樣的人遵守承諾，心地善良。這不代表他們平庸，對生活沒有熱情，也不代表他們就是完美的，但他們會願意照顧你的情緒，與你建立健康的連結。你也要花時間和他們相處，習慣感到安全。同理心的好處在於創造安全的環境，讓你和可靠、尊重你的需求的人們，一起好好過生活。

同理心行動時間

改變模式，選擇愛

花時間同理自己，同理不健康關係帶來的傷害。向自己保證，你下定決心好起來，你會愛自己。你將感到內心愈來愈自由。你同理以前不懂事的自己，你不知道要和缺乏同理心的人保持距離。不過現在與未來，請感激全新的自己——你已經做好準備，永遠不再把自身的力量交給任何人。

第三部
療癒世界

第9章

同理心領導

同時用理智與心領導的力量

全球各地的企業、政府、醫療中心和小型企業，許多組織都渴望具備同理心領導。同理心能改變一切，因為這個世界需要更多的溫暖，我們也需要更和善、更以人為本的工作環境。我出口成章的詩人朋友雷克斯．懷爾德（Rex Wilder）曾提醒大家要「當個人，當個好人」。這是我們每個人與領導者的責任，也是本書一直在呼籲的事。

想像老闆花時間聆聽你的需求並挺身而出。想像組長鼓勵你成為最有創造力、最有生產力和最快樂的自己。想像經理幫助團隊成員合作，也知道如何化解高壓衝突。在我提出的領導模式下，以上的一切都有可能成真。

今日的工作場所普遍存在壓力、倦怠和心理健康問題。在後疫情時代，許多人努力定義最適合自己的工作類型與環境，看是要採取虛擬辦公、到辦公室工作或混合的形式。我的患者瑪麗和瑞克有兩個年幼的孩子，兩人偏好虛擬工作帶來的自由，既能在職場上表現出色，又更能陪小孩。儘管全球的工作政策仍在變動，瑪麗和瑞克各自的老闆也持續跟著調整，對其他團隊成員的需求展現更大的同理心。

在這個關鍵轉折點，我們需要具備創新管理風格的同理心領導者，定期提供連結與關懷。在此同時，我們也需要全球領導者協助創造更有愛、更團結、更能夠合作的世界。主持人歐普拉曾說：「領導的重點是具備同理心，有能力與人連結，鼓舞眾人，替人們的生活帶來力量。」[1]

什麼是同理心領導者？

KIND營養產品的創辦人兼執行長丹尼爾．盧貝茨基（Daniel Lubetzky）曾說：「如果你會問如何打造有同理心的工作場所，你已經走在其他每個人的前面。」[2]

話雖如此，如何能做到呢？有同理心的領導風格重視誠實的交流，設法理解他人的觀點。同理心領導者真心對團隊成員感興趣，想知道同仁做事的動機與感受，探索如何激勵團隊。同理心領導者培養團隊的能力和優勢，透過感謝與正增強來鼓勵追求卓越。

舉例來說，同理心領導者如果看到有團隊成員做得不夠好，不會施加提升績效的壓力，或是批評他們，要他們動起來。同理心領導者不會把不耐煩當成領導的手段，因為這麼做只會讓人僵住或恐慌。同理心領導者會首先感謝成員對團隊的貢獻，接著以關懷的語氣談他們遇到的困難，一起探索達成目標的策略。面對團隊成員時，以同理取代不耐煩，不會讓領導者變成濫好人、屈居下風或無法設定界線，反而可以把力量和同理心加入領導風格當中。

有一次，我手上的專案需要開一系列的會議，但因為家人隔天要開刀，我不得不更改某場會議的時間。我向專案經理（負責安排行程的人）致歉，我知道改時間會造成不便。然而，即便我很客氣地道歉，專案經理仍冷冷地說：「改時間會拖到團隊太多時間，妳最好還是按照原定計畫開會。」我對他冷漠的回應感到很訝異。我的確通知得比較晚，因為我誤估自己的情緒承受能力，無法既照顧親人的病，又專心開會。我不是經常取消行程的人，專案經理卻沒有給我任何轉圜的餘地。我最後還是參加了會議，但老實講，需求被忽視的感覺並不好。我沒有和專案經理吵這件事，因為我想把精神放在家人身上，沒有多餘的力氣起衝突。

我想說的是，對同事和團隊成員拿出更多同理心，對領導者來講是有利無害，例如專案經理原本可以親切地說：「茱迪斯，我不知道妳的家人要動手術。我們會為他祈禱。我會盡可能重新安排會議。」

在職場上，一點點善意就能帶來很大的影響，功德無量。即便有所不便，在同事需要協助時，有時必須寬容一點。同事會記住這份善意，團隊會更加團結。

話雖如此，許多員工害怕直接表達需求，這情有可原，尤其是面對缺乏同理心的上司。員工因此壓抑怒火、羞愧或挫折，體內產生了壓力，工作空間也因為情緒感染而氣氛不好。不過，評估狀況是有必要的。如果對方平日關懷他人，那麼你用尊重、不怪罪的方式表達，或許有用。反過來講，如果主管缺乏同理心、不尊重你的需求，即使努力溝通也可能根本無效，反而會激怒他們。此時「向上管理」的意思，就是對上司抱持符合現實的期待，但不期待他們大發善心。

不過有時候，即使你不負責管理他人，也可以扮演領導者的角色，替團隊成員做出正面的示範，比如你認為某位經理會考量你的觀點，便可以站出來說清楚需求。如果你獲得有用的回應，同事可能因此受到鼓舞，也說出自己看到的事。

我很開心許多全球、軍事與職場的領導者，都強調同理心的重要性，包括前美國總統歐巴馬（Barack Obama）和林肯，以及美國最高法院大法官金斯伯格（Ruth Bader Ginsburg）。老羅斯福總統（Theodore Roosevelt）曾說：「沒人在乎你知道多少，直到他們知道你有多在乎。」[3]布蘭森爵士等商業領袖也支持同理心。前美國海軍海豹突擊隊員馬克．迪范（Mark Divine），也寫過用心領導的力量。

同理心領導者的五項特質

同理心領導者的特質包括：

一、**以身作則**：同理心領導者示範同理心和合作，讓團隊成員知道：「我重視你們的擔憂和價值觀。讓我們一起解決這個問題。」

二、**具備情商**：同理心領導者能跳脫固有的框架，鼓勵提出有創意的點子，在衝突中保持冷靜，同時運用邏輯與同理心來解決問題。他們能體諒別人的難處，也能辨識與控制自己的情緒。

三、**聆聽直覺**：同理心領導者在決策過程中信任直覺，也支持團隊成員這麼做。

四、**表達謝意**：同理心領導者讓人感到，自己付出的時間、努力與貢獻受到重視。

五、**有彈性**：同理心領導者能快速解讀他人的需求和情緒，見機行事，不墨守成規或喜歡批評。這些都是危機管理的關鍵能力。

同理心領導者常見的挑戰

高敏人領導者在管理團隊時，有可能面臨挑戰。團隊成員的工作遭遇困難時，有的高敏人領導者很難提供「有建設性的回饋」，因為他們希望人人都開心，不願傷及感情。然而，他們仍然需要學會這項重要的溝通技巧。

舉例來說，擔任主管的你觀察到，某位團隊成員卡在完美主義，專案因此進度有限。他把自己累得團團轉，努力達到不可能的標準。如果你什麼都不說，沉默幫不了他。你可以把他帶到一旁，用支持且不批評的語氣說：「你是團隊的重要成員，我們欣賞你的點子，但看來你因為試圖追求完美，把自己困在原地。這樣行得通嗎？」這名成員八成覺得沒問題，接著你們就可以討論如何減輕壓力。來自體貼同仁的溫和提醒，能協助他們回到正軌，找回工作的樂趣。同理心領導者必須學會自在地提出敏感的議題。

有的人會對富有同理心的領導風格，抱持過時或帶有偏見的看法。同理心領導者必須準備好處理這種觀念。紐西蘭有話直說的前總理阿爾登（Jacinda Ardern）讓我感動。她曾說：「我遇到的批評是……不夠強勢或不夠果斷。或許是因為我有同理心，所以被視為弱者。我完全反對這種看法。我拒絕相信人無法同時既慈愛又強大。」[4]

將同理心與懦弱畫上等號是錯誤的。同理心是發自內心的力量，與暴力對立。暴力永遠必須是最後的手段。與其堅持要員工按照你的方法做事，不如示範更聰明、更友善的問題解決方法。你可以說：「我明白這個專案很瑣碎，你需要什麼支持就提出來。」

為什麼同理心領導如此重要

《富比士》（*Forbes*）雜誌最近報導的一項大型研究讓我很興奮，它將同理心評選為職場上**最重要**的領導技能。[5]研究證實同理心能促進正面的商業結果，還能替壓力大的員工帶來數不清的療癒效果。領導者表達對團隊的同理心時，團隊的創新和向心力都有所提升，客戶服務獲得改善，員工也更能平衡家庭和工作的生活。

布蘭森爵士表示：「認識同理心，瞭解不同人的經歷，是商業領袖的關鍵能力。」[6]微軟執行長薩蒂亞．納德拉（Satya Nadella）也提出類似的看法：「同理心讓我們成為更優秀的創新者……我的兒子一出生便嚴重失能，我太太協助我學習這項美德……同理心讓我們努力滿足顧客未被滿足的需求，並且……協助社會向前邁進，替所有人創造新的機會。」[7]

為了進一步證實同理心為工作帶來的優勢，《哈佛商業評論》公布「全球同理心指數」（Global Empathy Index），檢視員工如何回答各種提問，包括執行長的支持度、員工本人在工作中的幸福度等等。研究人員發現，有同理心的企業利潤最高，也跟顧客滿意度提升、員工的收入和滿意度增加有關。[8]

你可能會訝異，不只是傳統的辦公環境受同理心領導的吸引。美國前海軍海豹部隊指揮官迪瓦在《像海豹部隊一樣思考》（*The Way of the SEAL*）一書中，談到他如何訓練運動員、特種部隊、先遣急救員與有志成為海豹部隊的人士，教他們把心理韌性、直覺與心結合在一起。[9] 同理心領導不僅適合高敏人，也適合任何領域、各種氣質的人。

不論你是新上任的管理者或「長」字輩的高階主管，也或者你沒有負責管理任何人，僅僅是在工作中以身作則，你都可以成為有同理心的領導者。由於在這個混亂的世界，我們愈來愈需要同理心與人際連結，日常同理心領導的力量也在增強。

我平日提供同理心訓練，對象包括醫療機構、科技公司與其他行業的企業。我教團隊和管理者如何把同理心帶進工作場所，學習以慈愛的方式，處理性格特殊的團隊成員。應用相關的技巧，能改善任何公司的氛圍和健康。

在醫院人員的培訓時間，外科護理師諾拉和護理長琳達，向小組分享兩人在溝通上遇到的問題。我請她們各自描述這項衝突，因為每個故事都有正反兩面。諾拉提到：「琳達要求我協助專案，但是當我沒有馬上回答問題，她就變得不耐煩。」諾拉說，琳達會嚴厲地要她「講重點！」，但她覺得因此被打斷。

琳達則是覺得諾拉講話過於「拉拉雜雜」，但因為不想起衝突，一直沒有試著解決這個問題。此外，專案的截止日馬上就到了，琳達很焦慮，而諾拉還在東拉西扯，更讓人氣急敗壞。

諾拉承認語速較慢，習慣講話要有條理，但她感慨：「琳達能不能多給我二十秒講完話？我想幫上忙，但我覺得我的意見不受重視。」

我輔導她們兩人試著對彼此的觀點抱持同理心。琳達承認自己很急躁、壓力很大，根本沒有考慮到自己的語氣有多冷酷無情。她只想「完成工作」，沒注意到表達方式如何影響到諾拉。值得肯定的是，琳達只是辯解幾分鐘，就願意接受諾拉的回饋，調整自身的行為。在此同時，諾拉也意識到詳細解釋會讓琳達不耐煩，同意以後盡量長話短說。兩人誠實檢視原本徒勞無功的溝通模式，雙方都做出一些讓步，同理彼此的需求——開始走向更成功的溝通。

自從我完成UCLA的住院醫師培訓後，過去二十五年間，我有幸指導其他的精神科住院醫師完成訓練，樹立同理心的榜樣，示範如何讓線性、傳統的精神科知識派上用場，也將同理心納入患者的治療。我們討論各式各樣的主題，從如何同理棘手的患者，談到如何在經常睡不飽、嚴格的四年精神科培訓期間，對自己保有同理心。我很榮幸，《新英格蘭醫學雜誌》（*The New England Journal of Medicine*）報導了我如何向醫療從業人員示範同理心：「她提出簡單、但強而有力的訊息：『聆聽你的患者。』」[10]

在我們的高科技時代，醫生往往忙著把患者的症狀輸進電腦，而不是把所有的注意力放在求診者身上。我平常會去看一位醫術高超的內科醫生，當他也開始這麼做的時候，我發覺他看診心不在焉。我向他提出這有多讓人不舒服，但他認真地回答我：「我很抱歉，但醫院現在對病歷記錄有嚴格的要求，我必須遵守新的規則，看診行程又太緊湊，無法稍後再打病歷。」很不幸，那位醫生在看診期間犧牲了完整聆聽的重要禮物，我也因此改找更能專心看診的醫生。

眼神接觸、傾聽和同理心密不可分。患者在討論病情時，常會感到脆弱與害怕。他們仰賴醫生，需要醫生的關注和安慰。

在醫療、企業界、政府或其他領域，同理心領導者能以身作則，向學生和團隊傳授並示範同理心。我甚至建議在醫療照護、科技與其他領域的組織，設置「同理心長」一職（或獨立的同理心部門），與人資合作，一起支持員工。同理心長負責協助處理團隊、高階主管與其他管理階層的衝突，提供安全的職場天地，替各種個人和組織的問題，找到充滿關懷精神的聰明解決方案。

以任務為重的領導者 vs. 以人為本的領導者

以任務為重的舊式領導者，認為組織的目標比員工的需求重要。員工必須把工作當成重中之重，放下生活中所有其他的事，等專案完成了再說。以人為本的方法，則把員工的需求放在首位。

我們來比一比「以任務為重的模式」vs.「同理心風格」。舊模式源自傳統的體育典範，也就是團隊的成員服從一位全能的教練，你不會質疑教練，心中清楚要遵守教練的指令。職場也一樣，這種階層式的父權制度，讓領導者以權威的方式管理企業，缺乏同理心。領導者會開除不聽話的員工或將之降級。領導者傳遞的訊息是：「我是老闆，你是員工。我叫你做什麼，你就得做什麼。」

一切的一切造成有毒的焦慮氛圍，形成自戀者、反社會人格者與其他霸凌者的天堂。也因此，在這樣的工作環境，許多員工感到不快樂、工作乏味，僅僅是為了領薪水，無法獲得任何滿足感或喜悅。

在影視作品中，舊式領導者的形象多半缺乏同理心，渴望權力，我們厭惡那樣的人物，例如一九八〇年代的經典電影《華爾街》（*Wall Street*）中，企業收購者蓋柯（Gordon Gekko）的座右銘是「貪婪是美德」。Showtime 電視網影集《金錢戰爭》（*Billions*）描繪紐約殘酷的高級金融圈，對沖基金經理人巴比・阿克斯（Bobby Axelrod）富有魅力，但手段無情。

我希望這種冷酷、以自我為中心的做生意手法，能被更具同理心的「良心風格」取代，讓高階主管、經理和團隊做最好的自己。幸好訓斥團隊、使喚員工或忽視下屬需求的作法，正逐漸成為過往的回憶，至少在某些領域是如此。這種態度只會讓人離心離德，利用恐懼驅使員工做事，還可能滋生仇恨。以人為本的模式則不一樣。你想辦法瞭解員工的狀況，傾聽他們，給他們安全感，讓他們覺得能信任你。

這種帶給工作場所更多同理心的方法，令人感到振奮！你被視為完整的人，不只是替公司賺錢的員工。以人為本的指導原則是：「你希望別人如何待你，你就如何待人。」

想像一下，如果團隊成員開會經常遲到，你不是劈頭就說：「你的工作還想不想幹了？下次再不準時，就直接滾蛋。」以人為本的領袖會真心想知道：「嘿，比爾，你最近生活中是不是有特別煩心的事？我注意到你最近比較晚到。」接下來，他們會協助這位員工解決問題，告訴他：「我很樂意和你一起解決這個問題。」

在最理想的世界裡，甚至不需要呼籲以人為本的價值觀，因為所有人都具有這樣的共識。不過，目前的工作文化尚在演變，我們必須優先考量每個人的需求。制定這樣的政策，可以讓「你的團隊」成為一個神聖小組，出現尊重他人和團結一心的氛圍。不論是工作或任何的情境，把人們聚集在一起的力量是神奇的。請試著讓你的團隊與你們的合作出現這種奇蹟。

新舊領導者典範的差異

舊式：以任務為重的領導者

- 組織的任務和盈虧，比員工的需求重要。
- 做決策時，不參考團隊成員的寶貴觀點。
- 利用責備和羞辱來激勵員工。
- 不擇手段地追求「贏」，獎勵無情的商業手段。
- 未能示範或傳授同理心是建立關係的技巧。

新式：以人為本的同理心領導者

- 將人的需求放在首位。
- 創造快樂、甚至好玩的工作環境。
- 重視合作、服務他人與員工的體驗。

- 協助團隊成員發掘更多的潛力。
- 以同理心與真誠取代掌控員工。

處理高壓工作情境的實務策略

在過去二十年間，不論是採取面對面或遠距的方式，透過團隊建立（team building）強化凝聚力與向心力，成為企業的常見作法。今日許多的工作文化都強調，成員是團隊的一部分，不再仰賴從前那種個別員工獨立工作、只向一名上司報告的模式。也因此，以下依據團隊建立的精神，介紹身為同理心領導者，你可能碰到的五種壓力情境，以及如何以善解人意的有效方法處理。

情境一：處理突如其來的工作

如果原本的工作量已經很大，又被要求做超出預期的工作，有可能引發焦慮，同時透過情緒傳染影響整個團隊。此時，同理心領導者會保持鎮定，心疼團隊，承認給大家很大的壓力，不找藉口，不讓個人或團隊快被壓垮的緊張感持續升溫。

你可以這樣說

「大家都清楚，我們被要求做超出規畫的工作。我知道你們快受不了了，但我們會支持彼此，努力撐過去。我要謝謝大家。我們是個團隊，在這段忙碌的時期，盡量對自己和彼此特別友善。」

可別這樣說

「不要抱怨了。公司發你們薪水，就是要你們來做事的，該做什麼就做什麼。必要的話，取消你們的家庭計畫，把時間用在工作上，一切等工作結束再說。」

情境二：處理團隊成員不小心的失誤

鼓勵犯錯的人，不要責備或加重他們的壓力。對犯錯的人有同理心的方法，就是回想你出錯時，希望別人如何對你。記住，沒有人是完美的。當然，如果別人的失誤影響到你和你的工作品質，你會感到沮喪，不要忽視這種無可厚非的情緒，但是和犯錯的同事講話時，情緒性的發言於事無補，只會讓對方的心情更惡劣。表明你想協助他們釐清發生了什麼事，以和善的方式解決問題。

你可以這樣說

「我知道你為了這個專案付出很多心血，也知道你不是故意犯這個錯。我們一起想辦法，看怎麼避免這種情況再度發生。」

可別這樣說

「你怎麼會犯這種錯誤？你做出不符合公司標準的東西，拖累了整個團隊。大家都要用你提供的資訊。」

情境三：處理失敗與缺乏生產力的狀況

團隊成員有時會進入低潮期，似乎不再那麼有創意、樂趣和精力。此時，有同理心的領導者可以和他們談一談，瞭解發生了什麼事情。你可以問：「我注意到你最近好像很累，也不再有熱情。如果你願意說出來，我很樂意傾聽，也才能幫上忙。」

領導者藉由這種方式，創造出不批評的安全空間，成員也得以分享心情。也許他們正在煩惱失業的另一半找不到工作。也或者只是單純對工作感到無聊，需要有新專案激發創造力。你提供安全的分享空間後，就能找出支持同仁的方法，改善他們的工作體驗。如果對方選擇不分享，靜觀其變即可。

你可以這樣說

「我關心你，也希望你在工作中感到快樂。我注意到你最近的用心程度與活力和平常不同，看起來心不在焉。我想瞭解是怎麼回事，我很願意提供協助。」

可別這樣說

「說實話，我真的很擔心你的態度和表現。你最近的工作效率沒有平常高，看起來悶悶不樂。你工作要加把勁，別把私人問題帶進公司。」

情境四：處理團隊成員令人失望的行為

每個團隊都會有那種成員，偶爾顯得好辯、固執、愛批評或防衛心強（我們每個人都可能會這樣）。不過，同事或主管通常不敢在當事人面前直接指出問題，怕他們生氣、受傷，或是威脅辭職。另一種可能是，同事或主管跟許多敏感的人一樣，不忍心讓別人有一絲不舒服。團隊於是假裝看不見令人困擾的行為，但又忍不住感到厭惡。有同理心的領導者會準備好帶著同情心，和當事人討論有問題的行為。他們知道講出來會尷尬，但還是有足夠的能耐，打開天窗說亮話。

你可以這樣說

「我注意到你私下聊麥克沒能升職的事。我相信你不是故意傷害他，但八卦是有害的，也是不可接受的行為。講閒話會對我們的工作環境造成負面的影響。我尊重你，也希望我們能一起處理並解決這個問題。」

可別這樣說

「你怎麼這麼不體貼又刻薄？你明明知道麥克因為無法升職很難過。你是怎麼搞的？你應該感到羞愧。」

情境五：處理團隊成員離職的狀況

有時團隊會遇到深受喜愛的成員決定離開。也許他們只是想換個環境，或是尋求更高的薪水。也可能是遭逢家庭危機、健康問題，需要長時間休假等等。有的團隊成員可能跟要走的人感情較好，但所有人都一樣，要適應有人離開的過程，都會不知所措、感到不安。凝聚力強的團隊宛如有機體：如果有一部分改變了，其餘的部分也會受到影響。

對於團隊成員選擇離開，最好展現同理心，不要質疑他們的決定，或是讓他們感到內疚。此外，大家聚在一起道別與表達謝意，將是美好的儀式（即使你和那個人處得不好，還是可以送上祝福）。

有人離開時，團隊有權感到難過。此外，一定要創造歡迎新成員的空間。新成員跟離開的同事一定有所不同，請珍惜新人帶給團隊的獨特優勢。

你可以這樣說

「我們會非常想念你。我很享受一起工作的時光。即使有時意見不同，我們依然尊重彼此。我們將永遠感謝你的活力、貢獻與微笑。祝你未來一切順利。」

可別這樣說

「你怎麼能離開我們？你明明知道我們需要你。早知道你會在這個專案執行到一半拋下我們，我就不把專案交給你了。這影響到團隊和我們的進度。」

美好的玩心

工作環境有可能很緊張，要開很多的會，有很多要求，氣氛經常很嚴肅。不過，你可以平衡壓力，加入笑聲和歡樂。把遊戲的元素帶入工作環境，有助於緩解氣氛，創造積極的能量。

許多人往往對工作（以及其他每一件事）過於嚴肅，以至於太過緊繃，忘記要笑。大家壓力都很大的時候，思維會陷入僵局，心靈也會因為承受不住而封閉起來。請給自己一段神聖的暫停時間，停止努力，放鬆一下，這足以帶來恢復的力量。在緊張的環境裡工作很痛苦。給自己玩耍的時間，則能激發創造力、同理心和直覺，促進個人和公司的健康。

我前往 Google 位於加州威尼斯的辦公室分享同理心時，我注意到那裡的裝飾非常富有趣味性。大樓的入口處像一副巨大的雙筒望遠鏡，迎接我的是明亮的色彩和意想不到的驚喜，例如衝浪板和老式電話亭。另一處還有籃球場。強調玩心能產生歡樂的氛圍，可以指出另一條路，不必死守著呆板或只強調功能性的工作環境。

即使公司不看重玩心，你依然能透過一些方式，將玩心帶進工作環境，譬如以五顏六色的有趣方式裝飾你的工作區域，擺出寵物或孩子的照片，或是任何能振奮精神的人物或領袖的影像。你也可以安排休息時間，和同事聊聊與工作無關的事，像是你喜歡的電影、藝術、團隊運動、壯麗的登山步道，任何讓你感到喜悅的活動都可以。這麼做，能打破高壓的工作環境過於嚴肅的氛圍。和同事一起開懷大笑，也能讓環境輕鬆愉快。你們要展露笑容，肯定彼此的幽默感。如果團隊能協助彼此看到工作和生活光明的一面，那是相當美好的事。

全球的同理心領導

雖然傳統上，同理心被視為全球外交中的「軟實力」，其實同理心指的是有能力跟其他的國家合作與協商，不以軍事行動等威脅的方式逼對方就範。具備同理心的全球領袖，會盡一切所能避免戰爭。

全球同理心領袖的例子，包括第十四世達賴喇嘛尊者、前南非總統曼德拉（Nelson Mandela）、前紐西蘭總理阿爾登、緬甸人權活動家暨諾貝爾和平獎得主翁山蘇姬。類似的例子還有林肯雋永的第二次總統就職演說，鼓勵我們「對任何人不懷惡意，對所有人心懷慈悲」。[11]

愛因斯坦認為和平無法憑藉武力維持，要透過理解才行。戰爭已經困擾我們的星球幾千年。每個人的天性都有潛在的好戰傾向，一旦失控會帶來可怕的傷害。為了對抗這一點，我們必須意識到，我們遠遠不只是這一部分的自己。我們無法否認內心的原始暴力衝動，但必須有意識地轉換到另一個境界。

當全球領袖與商業領袖展現同理心和善意的力量，我們都能遵循他們的榜樣。同理心領袖重視謙遜的態度，會自行把椅子收到一旁，而非指揮別人去做。同理心的謙遜力量，因此能傳遞到各行各業、政府、公司與世世代代。

特殊時期讓我們有機會經歷典範轉移：一場重大的重啟，帶我們走向境界更高的相互關懷，將同理心融入職場和全球領導。我們正處於這樣的時刻，也因此在個人和制度轉變之時，我們需要耐心來對待彼此，以更友善、更睿智的方式過生活。

在工作與全球的層面，讓我們善待他人，一起支持更以人為本的成功模式。我堅信每個人都必須以身作則，帶來大家想要的改變。同理心將協助這個世界，在更深的層次接受此一訊息。

同理心行動時間

在生活中，當個有同理心的領導者

在安靜的時刻，反省自己如何在工作或生活中的其他領域，成為更具同理心的領袖。你希望展現哪些特質？問問自己：「我要如何變得更友善？同事遇到困難卡關時，我要如何更同理他們？我要如何出手相助，減輕朋友或團隊成員的壓力？」隨時花時間冥想，思考你希望培養哪些特質，成為具備情商和同理心的領袖。接下來，準備好在工作與生活中採取行動。

第10章 原諒的療癒恩典
放下憤怒，建立同理心

同理心能帶來美好的療癒禮物，協助你原諒他人，放下痛苦與怨恨，不在負面的情緒中虛耗人生。如果你願意，你能走出過去的傷痛。想像等你放下沉重的恨意，你將如釋重負，得以開闢全新的人生。

什麼是原諒？原諒是情緒淨化與自我療癒的過程，你在過程中以慈悲之心，放下大大小小的怨念，清除不好的負能量。你有可能怨恨別人，也可能怨恨自己。當你受到傷害，或是愛情、人生或人類讓你失望，你感到憤憤不已，想要報復。原諒能讓你放下怨恨。以同理心為本的作法，不代表忽視或壓抑真實的感受。放下怨恨的同時，也要放下對怨恨的依賴，放下你依然從中獲得的好處，例如別人的同情，或是覺得自憐有理。

我定義的原諒，主要是指原諒人，而不是他們造成傷害的行為。你原諒哪些東西？對方的缺點、侷限，或是未治癒的情緒傷害（無論他們是否意識到）。那些傷痛造成他們無視於他人，甚至傷害他人。理解他們的觀點，不代表他們做的事情就有道理，只不過是同理背後的掙扎有助於放下怨恨，由於你不再依附這個人和他帶來的創傷，可以更自由地繼續前行。

原諒更多是在療癒自己，而不是改變傷害你的人。

原諒在不同的情境中帶有不同的含義。某些人比較好原諒，尤其是無心之過，或偶爾顯得不成熟、粗心大意或不體貼。較小的冒犯行為，包括有人忘了與你約好見面，或是在你說話時看手機。如果對方面臨情緒上的挑戰，如憂鬱、焦慮或認知限制，但他盡力了，你可以選擇原諒。此外，如果朋友誤解社交情境，不是故意讓你難堪，但又懊悔自己的行為並改過，你也可以決定給他第二次機會。

我事先原諒生活中的某些人，比如我直率的朋友貝雷妮絲。貝雷妮絲教會我堅持自己的觀點。她面惡心善，有時顯得易怒、愛唱反調。即便如此，我直覺感到我們兩人會是一輩子的朋友（我們的友誼也的確持續到貝雷妮絲九十三歲過世），因此不論貝雷妮絲做了什麼，我都提前原諒她。有的人無法理解我的選擇，因為我們兩人的關係有時會起風波，但是我滿意這個決定。

生活中的某些核心人物有可能很難相處，而且大概不會有改變的一天。不過，這不一定代表你無法與他們建立有價值的親密關係。你在探索原諒的過程中，務必記得仔細考慮這一點。

如果是比較難原諒、甚至完全不可能原諒的人，例如朋友利用煤氣燈效應操控你，或是家人故意排擠你，又該怎麼辦？這些情況可能讓人身心俱疲。我不是在建議你原諒或忘掉恐怖的背叛或暴力行為，也不是說你必須讓這樣的人繼續留在自己的生活中。和這些人斷絕關係，有可能是實踐自我關愛的最佳方式。

是否要原諒某個人的行為，由你來決定。選擇時要尊重自己，永遠不能強迫。不過有時隨著時間過去，你有所成長，再加上拉開了距離，你可能準備好以意想不到的方式原諒——這是療癒帶來的意外轉變。

你的心明白何時受夠了。你要接受有的人永遠不會給予你愛與尊重，甚至不會道歉。接受可以幫助你放下怨恨，感覺事情結束了，內心生出平靜。你想不出如何能夠原諒，但心會指引你走向那條道路。

可以想見，你會反問：「憑什麼要原諒？他們憑什麼這樣對我！」當然，你會感到憤怒、失望和悲傷，這些情緒完全合理，但你必須決定：「我是否想從這個情況恢復，還是想永遠懷恨在心？」這種事只能二擇一。不論某個人的行為有多不公平、多不友善，殘酷的事實是，如果你抓著怨恨不放，你受到的傷害會比始作俑者更大。原諒可以切斷怨恨帶來的連結，遠離過往的傷痛。

同理心指出原諒的路，讓你有機會做個高尚的人。

開始願意放下仇恨

療癒怨恨的棘手之處，在於你必須願意放下——而且怨恨也必須願意放開你。怨恨自有其生命力，我將之比喻為附在身上的藤壺。這種生物以「纏著不放」著稱，終生牢牢附著在任何表面上。放下怨恨因此是雙向的。當你願意原諒，怨恨也會鬆開對你的束縛。

我知道放下怨恨有多困難。憤怒讓人成癮，當你感到無力，憤怒有時會給你一種掌控感。以我的患者鮑伯為例，這位服飾公司的執行長發誓，他永遠不會原諒某個在他背後捅刀、搶走大客戶的競爭對手。鮑伯似乎對懷恨在心感到自豪，虛張聲勢地表示：「我會給這些人好看！」

然而，鮑伯後來在車禍中髖骨破裂，經過好幾個月才好轉。在我們的診療時間，鮑伯開始意識到持續怨恨也沒能讓對手「好看」。對方很可能根本不在乎他的感受，也不會對發生在他身上的事抱有歉意。這次的健康危機讓鮑伯清醒過來，改將精神用於療癒自己，而非把時間浪費在怨恨上。原諒是一種自我同理的行為。

怨恨只會增加壓力，耗損精力，占據你的心思。史丹佛大學的研究顯示，原諒則能大幅減少壓力、憤怒和身心症狀，屬於更有活力的生活方式。[1]

原諒是一種恩典的狀態，不會一蹴而就，你無法強迫它發生，但必須真心渴望。如果今天無法原諒，明天再試一次。如果傷痛是近期發生的，你可以選擇先留著怨恨，再考慮是否放下——這麼做也可以。不必急於原諒。遺憾的是，我見過一些心地善良的人，在尚未處理好痛苦之前，就試著從沉重的打擊直接跳到原諒。這種情緒迴避，經常來自誤以為有修養的人就該這麼做，最終導致被壓抑的感受以破壞性的方式浮現。

以參加工作坊的柔伊為例，她曾真心以為，自己已經原諒不夠愛她、不肯承諾的男友。柔伊只花了一天就「忘掉」前男友。然而，兩人分手幾個月後在餐廳偶遇，對方依然擺出拒她於千里之外的態度。柔伊突然情緒爆發，憤怒地痛斥前男友「害怕承諾」和「冷漠無情」。這種強烈的反應讓柔伊嚇了一大跳。

柔伊氣前男友從來不在身旁支持她。柔伊有必要在參加工作坊期間，說出對這個男人的憤怒，不能草率跳過這個步驟，直接走向原諒。漸漸地，柔伊明白前男友由於害怕承諾，愛人的能力有限。柔伊不再簡單地用怒氣或心痛來看待前男友，開始理解前男友只是給不了她需要的東西，而非存心傷害她。柔伊因此更能同理自己的失望與前男友的心理障礙。如果換成是你在人生中尚未準備好原諒，同樣不要給自己壓力，急於走完這個過程，等時機成熟了再說。

另一方面，你可能和我許多的病人一樣，準備好原諒，也渴望原諒、放下怨恨，卻不知該如何著手。你可能厭倦背負過去的重擔與講過千百遍的故事，很希望向前走。接下來，我會解釋原諒如何帶來這份自由。

同理心與放下仇恨

一旦你願意放下怨恨，便能改變人生的軌跡，選擇用同理心看待對方內心的傷痛。你透過同理心的眼睛，看到他們因為膚淺、恐懼和痛苦，導致無法愛人或善待他人。這不代表他們有理，但能讓你理解他們有多狹隘、迷失和脫離現實。看清這一點為什麼有幫助？因為你就能調整期望值，不再一次次被這個人傷害。

有一個原諒的例子深深感動我。一名女士前往印度的達蘭薩拉（Dharamsala）去見達賴喇嘛。她看見餐廳外有個男人在毒打一條狗。她問達賴喇嘛怎麼看這件事，達賴喇嘛告訴她，我們除了要同情狗，也要同情那個男人。看到這種暴行，自然會感到駭然，但不要只停留在這個層面，還要找到更深層的同理心。**你必須同時意識到，這個男人內心的痛苦，導致他做出這樣的暴行。你不是在寬恕這種行為，而是明確察覺背後驅使這個人與他所有憤怒行為的痛苦。這個人的行為，讓我們所有人都感到哀傷。如果我們抱持進一步的同理心，就可以看見這個人的全貌。**

你可能會想：「達賴喇嘛當然做得到這種程度的高深理解，但我們凡夫俗子怎麼有辦法？」此時，性靈層面的同理心登場了。這是你最值得欽佩的自我，你得以從心出發，看見他人本身未能察覺的痛苦和侷限。怨恨會讓神智痛苦，同理心則可以協助你脫離別人造成的苦。你無法藉著思考去原諒他人，但是心能指引你走向那裡。

同理心是一股放鬆與拓展的力量，協助你斷開並超越別人帶來的痛苦。起初，你會認為這種作法違背直覺，還可能有所抗拒；因此可以從較小的怨恨情緒開始，逐步處理更大的怨恨。

即便只是稍微同理某人受過的情緒傷害，也可以不再深陷對方的泥沼中，因為你不再那麼容易動怒或受傷。

同理心以不尋常的回應方式來療癒，甚至可能喚醒你內心出乎意料的仁慈。以下幾個方法能協助你放下怨恨。

培養同理心與原諒

情節較輕的情況

試著同理對方的缺點。用平靜與開放的心態思考：他們是否感到害怕？為自己的利益著想？被壓得喘不過氣？我們每個人都碰過那種情形，也因此更能將心比心。接下來，只要有一部分的你準備好了，就告訴自己：「我願意嘗試原諒他們的缺點。」如果對方聽得進去，你也可以考慮直接找他們一起解決問題。

傷害較大的情況

此時你可能需要付出很大的努力，才有辦法付出同理心，但還是可能做到。找到同理心的方法是深呼吸幾次，閉上眼睛，把注意力集中在胸口。手掌輕輕放在這一區，讓心中的溫暖和慈愛協助你延伸到更大的自我。此時無需做任何事，只需要感受愛，讓愛自然發生。

現在你可以從一個更大、更有同情心的角度，看待自己和那個人。允許自己同理對方因為缺乏良知或情緒創傷，沒能善待你——或是沒善待任何人。在心中告訴自己：「我不再用憤怒或傷痛和那個人有所牽扯。」這麼做，能讓你掌控自身的力量。

對於傷害性較強的人，要留意是否該直接與他們對話。如果他們有自戀或任何同理缺失的問題，他們一般不認為有必要替自己做的事負責，只覺得有問題的人是你。如果你認為有必要直接找上他們，最好請治療師等調停人協助，會比較安全。調停人能協助你傳達想說的話，讓對話維持在正軌。

無法放下怨恨的障礙

你有很多不願釋懷的「正當理由」，講起來合情合理，很多朋友會支持這個選擇。當然，你有權繼續耿耿於懷，討厭對你不好的人，讓他們的行為折磨你，但你也可以召喚同理心的智慧，請它介入。

怨恨只會讓你無法脫離不健康的關係。

你可以把同理想成從山頂的開闊視野看問題，不是站在平地。更高的視野有助於找到全新的洞見。

別忘了，你的自我（ego）會提出許多有說服力的理由，反對你同理或原諒目前或過去的人際關係。即使對方已經不再出現在你的生活中，自我依然可能緊抓著怨恨不放，心則能協助你放下。自我活在狹隘的現實中，看不見其他的選項。此外，自我的理性成分多過於愛。自我的任務是保護你，但它不瞭解，其實心也能保護你。

請準備好撫慰自我，對自我也展現一點小小的同理心。告訴這個部分的你：「我只是在試驗。如果放下怨恨起不了作用，我就會停止。」接著，運用本書提到的原諒技巧，看看能否提升你的生活品質和人際關係。

以下是幾種常見、心生怨恨的原因，可能會成為放下的障礙。

一、不符合預期

你期望某個人會對你好，結果沒有。你以為同事會減輕你的工作量，結果沒有。盡量從符合現實的角度看人，就不會一直期待人們變成他們不是的樣子，徒增怨恨。接受現實，足以通往內心的平靜。

我的臉書共感人支持社群成員珍妮絲，分享她和朋友蘿拉之間的痛苦關係。珍妮絲一直期望蘿拉能表現得更關心她，但蘿拉不曾如此。珍妮絲因此告訴小組成員：「我非常難過，但也深深鬆了一口氣，決定不再投入這段友誼。」對珍妮絲來說，接受蘿拉的侷限性是放下怨恨的必要步驟。

二、執著於自己是對的

當你自認有理，此時尤其難放下怨恨。自尊心、受傷的情緒與固執會讓你難以原諒。

沒錯，你哥說了謊。沒錯，你覺得自己能贏得比賽，教練卻把你換下去，這不公平。你憤怒、難過，感到痛恨，這些都是自然的感受。諷刺的是，即便你有權感到怨恨，抓著不放最終不會對你的幸福有所助益。

三、擔心被當成軟腳蝦或失敗者

人們經常擔心，原諒或放下怨恨代表軟弱，或者承認失敗。事實正好相反。你可以在原諒某人的同時（至少原諒他們的缺點和受創的部分），依然設定明確的界線，甚至不再聯絡。曾有患者告訴我：「我害怕要是我原諒前妻，就得讓她重新進入我的生活。」我向他保證絕無此事，畢竟他們沒有孩子，也沒有商業合作等綁在一起的關係。是否要繼續互動，完全取決於他自己。

願意原諒是力量和智慧的象徵。你不再想著傷害你的人，不再重提那段不愉快的經歷。如果你的自尊無法原諒，你可以向靈性層面的同理心求助，向更高的慈悲力量伸出手說：「請帶走我的創傷、我的痛苦、我的怨恨。我準備好放下。」

在日記中寫下怨恨

寫下你痛恨的人。在可能的原諒清單上列出五個人。例如：

- 喜歡批評你的婆婆／岳母
- 很少問你「今天過得好不好？」的兒子
- 撞到你的車，卻沒留下聯絡方式的陌生人
- 不記得約好要喝下午茶、放你鴿子的朋友
- 經常打斷你發言的團隊成員

寫下你是否感到應該直接和這些人談這些問題。如果是的話，請寫下你打算和他們說哪些話，以免在溝通過程中結巴。找支持你的朋友或治療師，練習你打算說的話。

不過，有時即使你表達了需求，或是設定明確的界線，有的人也不會尊重。把這一點也寫下來。接下來，你必須接受他們就是這種人，抱持符合現實的期待，減少與他們往來。在日記中，寫下哪些情況適用於你，以及如何有效地應對。如

果無法和對方談，就在日記中探索其他選項，例如在遠方原諒他們的自私。究竟要放下怨恨或繼續抓住不放，由你來選擇。

原諒自己

如今在上帝的協助下，我將成為我自己。

——哲學家齊克果（Soren Kierkegaard）

最難原諒的人往往是自己。你有可能是世上最善良的人，你同理每個人的苦難，卻對自己殘忍。

該原諒的事

我們要原諒自己的事，包括用負面的想法和恐懼來懲罰自己；把事情往最壞的地方想；自責；眼裡只有自己做錯什麼。你可能覺得心很痛、很空虛，感受到無邊無際的孤獨，並且一直隱藏這種感受，甚至感到丟臉。人生中不需要真的「出什麼差錯」，才會感受到心底的脆弱。這樣的你同樣應該被同理。

我們每個人都一樣，你也是人。即使無意傷人，有時還是會傷到。你會犯錯，會失敗，會自私，讓你愛的人失望。即便如此，療癒的基本面向就是，隨著你更慈愛、更具覺察力，你學會原諒自己。

如何原諒

試著在每種情境都對自己保有同理心。原諒自己在某些地方的不足，不代表對自己的行為不負責任。你有可能懊惱自己的行為，但是責罵自己只會加深痛苦，並不會帶你走上療癒之路。

向自己懺悔

悔過是指當你傷害自己或他人，你能展現的一種道歉形式。悔過讓你能意識到自己在不良互動中的責任。舉例來說，如果你一直責備自己被裁員，你可以向自己懺悔，在心中告訴自己：「對不起，我對你很不好。從現在起，我會努力變得更有耐心、更和善。」培養自我原諒的能力，是一種健康的轉變。

自我原諒的恩典

開始原諒自己的方法，是記錄你無法原諒自己的地方，接著寫下可以重複使用的個人原諒宣言。譬如：

- 我原諒自己讓婚姻走到終點，這不是我單方面的錯。
- 我原諒自己感到空虛、失落或沮喪。
- 我原諒自己對兒子辭職感到恐慌。我會活在當下，不把恐懼投射到未來。

同理心的智慧在於超越憤怒、羞愧或不安全感，抵達原諒的境界。也許你接受的教育是不能寬待自己，你認為自己不配被善待。但你永遠可以從現在做起。同理心會耐心等著你，尤其是你感到自己不配的時候。你配，我們每個人都配。人生中所有層面的療癒，都需要原諒自己。

原諒別人

原諒是值得追求的目標。我的看法是，既然總得有人踏出第一步，那就讓我來吧。我不想被怨恨困住，這太耗費精力。即使有時我一點都不想表現得寬大為懷，我還是想當個有肚量的人。如果不從我開始改變，又怎麼會發生改變？

即使面對難相處的人，也要勇敢站出來，提升互動的境界。

不論有意或無意的傷害，原諒自己傷到別人並道歉很重要。假設在開會時，你朝重要的團隊成員發火：「醒醒！你根本沒在聽！」對方會感到無比尷尬，覺得被你批評。你事後可以道歉：「對不起，我在眾人面前批評你。雖然不成理由，但是我家最近發生很多事，壓力讓我感到不耐煩。對不起，讓你不舒服了。」不論大小事都該道歉。這不代表對方一定會接受你的道歉。別人傷害你的時候，你也不一定要接受道歉。不過，道歉還是很重要（可能還需要贖罪）。道歉能幫助你在傷人的情境中，負起你那一方的責任，可能會讓你如釋重負。養成道歉的習慣，有助於維持關懷和尊重的關係。

原諒可怕的情境

在個人、地方以及全球層面，我們都目睹且經歷了恐怖的傷害——謀殺、暴力、仇恨犯罪、暴虐政權、氣候危機等。這些該如何應對？要如何採取行動？在這種時候，邏輯起不了太大的作用，只會讓人在試圖理解毫無道理的事情時，感到沮喪。那同理心或寬恕能發揮作用嗎？

三十年前，我個性善良的叔叔席德尼遇害。出事時，他人在南費城的歐洛芙父子家具店（Orloff and Sons）上班。一個嗑了藥的小混混就為了搶幾塊錢，開槍射死他，叔叔甚至已經把錢遞給他了。叔叔的長子當時還是個青少年。我問堂弟怎麼看待這起凶殺案。他回答：「我被硬生生奪走了父親：沒有道別，沒時間說我愛他，他就這樣永遠離開。」堂弟和其他親人遭受的痛苦，我們永遠無法忘懷。我也問了堂弟，這麼多年後，他對殺父凶手有什麼感覺。堂弟說：「我當然還是感到怨恨與痛苦，但是當天有兩條人命被奪走了——除了我父親，殺死他的年輕人也等於死了。對我來說，最重要的是這個人被繩之以法，而他也的確被終身監禁。」

堂弟的反應觸動我的地方，在於他誠實面對喪親之痛，不過令我訝異的是，他逐漸理解那名年輕殺人凶手付出的可怕代價，同理那個人是迷途羔羊。堂弟在傷痛之餘，也同理殺人凶手失去的東西。沒有人告訴他要那樣做，但時間一久，他的心自然朝那個方向走。那是一種本能、可以逐漸演變的自我療癒。

幾年前，獄方提供一個機會，如果能幫助我的堂弟療傷，他們可以安排他和凶手見面，但堂弟拒絕了。令人訝異的是，他是不帶怒氣或怨恨地拒絕，單純覺得這樣的會面沒有幫助。我的堂弟充滿愛心，他沒有讓這個可能致命的傷口，阻止他愛自己的家庭與生命中的其他人。他把父親銘記在心，其他的歐洛芙家族成員亦是如此。

在這一類極不公平的痛苦情境，是否要同理加害人的深層情緒傷害，完全由你自己決定，更別說是否要進一步原諒可憎的行為。不過，如果在某個時刻，你的心中出現同理的直覺，請依據心的渴望程度，敞開你的心。這是你走出悲劇的必經之路。

這種程度的原諒是深刻的精神境界，你永遠不必強迫自己追求這種境界，但如果有一部分的你想試著原諒，即便是最不堪的情境，你也要尊重那股直覺的衝動。這能協助你讓創傷癒合。

我接觸過不少患者，小時候父母曾虐待他們。長大後，父母罹患了絕症，此時他們必須決定是否要伸出援手。我的患者會問：「茱迪斯，我該怎麼做？」

我告訴他們：「這種事沒有對錯。你沒有義務照料深深傷害過你的父母。除非你覺得這樣做是對的，才去做。」大部分時候，我的患者都選擇或多或少協助父母，良心才過得去。至於選擇不幫的人，他們也不後悔自己的決定。所以說，如果有一天你面臨這樣的難題，並沒有規則可循。請讓你的心而不是罪惡感，來引導你。

生命有時會出現意想不到的轉折。我朋友羅萍的母親酗酒，幾乎一輩子都對她施予情緒虐待，但後來母親診斷出阿茲海默症。羅萍告訴我，隨著母親的認知能力下降，「她的記憶力差到連酒都忘了喝！」由此，羅萍人生第一次擁有清醒慈愛的母親。羅萍十分感激這個「奇蹟」，選擇原諒母親過去做過的事，單純享受母女最後一年的時光。

接受對方道歉

如果有人想為自己不光彩的行為表達歉意，你可以決定是否要聽他們道歉，以及是否要接受。你沒有義務聆聽或接受。不過，如果你感到該這麼做，這個過程對雙方都有療癒的效果。在十二步驟戒癮計畫中，有一個康復環節是對「過去的破壞」致歉。計畫參與者列出自己傷害過的人，負起責任，向對方說對不起，以適當的方式補償。

記住，接受道歉不代表你再次信任對方，也不代表你希望恢復關係。道歉的過程僅僅是給雙方機會，放下怨恨或憤怒，兩人因此都能獲得更多的情緒自由。

最有意義的道歉方式，就是改變自己的行為。

全球同理心與祈禱的力量

同理心是這個世界需要的良藥。我們渴望善良、憐憫，以及更人道的領導者。我們厭倦了暴君。人人都知道，人類都有可怕的黑暗面，但本書想告訴大家不必屈服於黑暗面。就算我們曾經屈服，不論是幾分鐘、幾小時或是更長的時間，我們永遠能調整方向，不讓黑暗面主導我們的生活。

修煉你的心，讓心提升你的生活與這個世界，將是影響深遠的成就。

同理心和寬恕能幫助我們好起來。請讓我們專注於療癒，不把寶貴的時間和精力浪費在怨恨上。即便困難重重，我們還是需要堅定不移的核心價值觀。你的核心價值觀是什麼？我的包括以下幾點：

我相信同理心和愛具備療癒的力量。
我相信即使是一丁點的寬恕，也能對抗仇恨。
我相信保護大自然、野外世界與生物的重要性。
我相信人要行善，努力讓著名建築師富勒（Buckminster Fuller）口中的「地球號太空船」（Spaceship Earth），變得比我們出現時更好。

也許你也嚮往這一切，但在某些個人或全球的情境裡，似乎很難做到同理心或原諒。此時，祈禱的力量顯得無比珍貴。祈禱是你謙卑地告訴更高的力量：「我無法獨力完成，請協助我。」

這個帶有魔力的句子，將邀請愛與療癒的力量協助你，啟動我所說的「祈禱之身」。祈禱之身是更大的你，與神靈的世界相連。祈禱讓你頭在天，腳在地。想像你的祈禱之身是溫暖的金色光芒，圍繞、保護著你。你可以透過祈禱之身，替這個世界和所有的生靈禱告，連結全球的同理心。

祈禱能協助你找到原本無法觸及的同理心。這種事無法靠努力或分析。你要成為容器，讓同理心透過你流動，接著流向同理心想去的目的地。替世界祈禱是高尚的行為。儘管戰爭或衝突不可免，你可以透過祈禱，將關愛的力量送給貧困、受傷、哀傷、飢餓，或是累到無法前進的受害者。

祈禱是治療世上苦難的良方。然而，為了讓全球的同理心發揮作用，我們必須避免迷失於集體的痛苦，不掉進絕望的深淵。有能力便挺身而出，將帶來力量，例如為了崇高的理念而捐款；在公職人員或領袖面前發聲，說出自身的信念。祈禱和洞察力能協助我們釐清情勢，找出哪些事情我們能夠承擔，哪些無法承擔。持續評估自己有能力改變的事物。不論發生什麼事，你祈求減少苦難的禱告全會被聽到與感受到。祈禱是神聖的療癒力量，可以穿越千山萬水，撫慰世界各地的可憐靈魂。

不論你身處何方，無論是坐在椅子上、在紐約或孟買的冥想室裡，甚至在撒哈拉沙漠的沙丘上，你的祈禱都能把希望傳遞給遠方的人們。儘管你不認識他們，他們還是可以感受到你的善意和同理心。他們可能不明白為什麼突然感覺好一些，但他們的呼吸更順暢、恢復了精神，或是看到一線希望。發送祈禱與隨之而來的正能量，是一種全球的同理心，能觸及人類大家庭的心靈。

你在本書走過的旅程，涵蓋同理心的許多面向。我們探討了同理心如何協助你用仁慈療癒自己、改善與他人的溝通，甚至提升世界的律動。即使只是一點點，我也希望你的心受到了觸動。你的內心深處有個東西被啟發，活了過來。

探索同理心、將同理心傳給他人，已經成為我一生的使命。我熱愛創造——打造更美好的生活、更美好的世界。許多人都渴望那樣的改變。不是只有你渴望歸屬感與連結。彼此需要是一種健康的本能。這個世界的連結程度愈高，世界就愈顯得光明、剔透，充滿了信念。當我們走在同理心的路上，喚醒心中的耀眼寶石，別忘了我們彼此相連。

同理心行動時間

替世界祈禱

在心中默禱或大聲說出：

我為正在受苦的人祈禱，願他們不再生病、痛苦或受到壓迫。
我為所有的壓迫者祈禱，願他們不再痛苦，好讓他們學會去愛。
我為地球與生態系統的健康祈禱。
我祈禱每個人的心都能痊癒。
我為無法求助或感到迷失的人祈禱。
我為世界的福祉祈禱。
我為所有的弱勢者祈禱，願他們克服困難，取得成功。
我為你我的快樂與健康祈禱。
我祈禱快點找到同理心。
我感激同理心的來臨。
願我們善待彼此。
在愛之中團結起來。

第11章 你對我很重要
我們的力量

如果我們記住人們做出偉大舉動的時間與地點（那種例子很多），我們將獲得行動的力量，至少有可能把這個陀螺般旋轉的世界，帶往不同的方向。

——霍華德．津恩（Howard Zinn），美國歷史學家

你對我很重要。不論你身處何方，不論我們看似多麼不同，我關心你的幸福與掙扎。儘管我們所有人都有著缺陷和弱點，我內在的共感人喜歡感受與你和全人類的自然連結。同理心讓我們更貼近彼此，知道自己並不孤單。

我們永遠不能放棄彼此，也不能放棄這個世界。永遠不要憤世嫉俗。每個人的靈魂都有可能昇華，不要放棄這個可能性。雖然無法避免不確定性和痛苦，還是可以嘗試打開你的心，在任何情境都朝最佳的結果努力。

同理心的智慧指引你一條積極向上的道路。你不斷問自己：「我如何成為更好的人？

我如何付出更多的愛？我如何才能獲得療癒？」內在與外界的負面聲音會試圖阻止你，讓你質疑自己是否值得為了同理心與善良而奮鬥。準備好迎接質疑。有了本書提供的工具，不論誰怎麼說，你都知道該怎麼做。

不論是多小或多不可能發生的事，你都要接近你關心的事物。我關心天空、海洋、地球與生物。我關心自己的健康、快樂和精神。我關心我愛的人與我的患者。我關心你。我知道世上有無窮的黑暗和苦難，我承諾會盡己所能施以援手。不過，我只會讓這些黑暗的面向占據日常思維的一小部分，那不過是全局中的一小塊。

我身為共感人，希望召喚出心中所有的療癒力量，讓你心中的痛苦消失。我想讓你、讓我、讓所有受到壓迫與痛苦的人好起來。不過，身為醫生的我知道，療癒不是揮舞魔法棒，就能消除煩惱。不管一路上如何塵土飛揚、泥濘滿地或百花盛開，療癒來自於接受自己獨特的道路。有時，療癒只是感謝自己能夠活著。

日常的同理心很重要。同理心讓你停下腳步，幫忙一位購物袋破掉的懊惱陌生人，撿起掉到地上的所有食物。你緊繃的身體各處藏著隱密的淚水，同理心能讓你哭泣與釋放。身體一定感到很不公平，要壓抑那麼多的情緒與創傷。請同理你自己與他人悲傷和失落的淚水。我感到同理心有如睿智的老婦人，輕輕把手放在我的手上安慰我。她一直愛著我。我相信她，也相信自己。

同理心教我們心的力量，也包含「我們」的力量。我們共同居住在地球上，吃相同的食物，喝相同的聖水，沐浴在相同的陽光下。我們被風吹散到地球最遙遠的角落。我們的物種幾乎遍布每一寸土地與天空。浩瀚的海洋和大陸隔開我們，但我們依然是家人；或許不是那麼團結——至少目前還是一盤散沙。請讓同理心協助我們認識到我們是一體的。我們與生命的連結，最終將拼起所有散落的拼圖，成為一個整體。

許多太空人從太空俯視壯麗的地球後，都會理解我們是一個整體的世界，一直以來都是。哲學家法蘭克・懷特（Frank White）說得好：「除了我們在心中自己畫分的界線，我們的星球其實沒有邊界或分界線……從太空軌道和月球看過來，所有隔開我們的想法開始消失。」[1]這種體悟能讓我們感到更加相連。

如果我們有自知之明，並提醒彼此，我們可以同時變得更強大。你是天使。你是壞人。你是個美妙的不完美人類，但有著完美的靈魂。同理心能帶你瞭解這一點。永遠不要忘記同理心的重要性與慈愛的力量。這是非常簡單的祕密，但許多人並未發現。

願本書能激發你從全新的角度思考同理心，以最溫柔的視角看待自己與他人。我提供了一系列的工具，協助你在不同的情境找到同理心。請找出最吸引你的方法並天天使用。

人類經常很難相處，但我們狂野、美麗，只要我們允許自己，都能快速成長，散發光芒。請照顧好自己和彼此，盡量別讓事情太過複雜。最終一切都將歸結於愛。

雖然世上大部分的人彼此素未謀面，我感到與你有所連結。連結是生命的燃料，同理心則讓你找到平靜。在我們同時具備連結與同理心後，可以一起瞭解這個世界。心理學家威廉・詹姆斯（William James）寫道：「我們是海中的島嶼，表面上彼此分離，深處卻彼此相連。」[2]我們可以運用同理心，找到更好的道路。我們有可能創造出令人振奮與充滿希望的未來，但此刻請先停下來，享受你「已經夠好」的事實，一切跟命中註定的一樣，每件事都在完美的位置。請讓自己簡單享受這份美妙的感覺。

謝詞

我感謝慷慨支持我寫作的各界人士與我的同理心自我。

謝謝我卓越的文學經紀人理查・潘恩（Richard Pine），他堅定不移地支持我的作品。我永遠感激。

謝謝我能幹的編輯蘇珊・高蘭特（Susan Golant）協助我規畫本書。

朗妲・布萊特（Rhonda Bryant）是才華橫溢、備受信任、充滿同理心的助手和智囊團。

我親愛的伴侶——才華洋溢的科里・里昂・佛森（Corey Lyon Folsom）一如既往，在我寫這本書的驚濤駭浪中一直是我的依靠。

卡蜜兒・莫琳（Camille Maurine）和洛林・羅奇博士（Dr. Lorin Roche）是我親愛的朋友。我們在海邊進行神奇的散步，一邊交換想法。

榮恩・亞歷山大博士（Dr. Ron Alexander）是我的好兄弟、同事和信賴的朋友。

在此特別感謝 Sounds True 的優秀團隊：塔米・西蒙（Tami Simon）、珍妮弗・布朗

（Jennifer Brown）、莎拉・史丹頓（Sarah Stanton）、傑米・施沃布（Jamie Schwalb）、布萊恩・高爾文（Brian Galvin）、麗莎・卡蘭斯（Lisa Kerans）、麥克・奧諾拉托（Mike Onorato）、克洛伊・普魯辛維奇（Chloé Prusiewicz）和潔德・拉塞爾（Jade Lascelles）。

此外，我要深深感謝同事、朋友和家人，感謝他們提供的啟發、個人故事，以及對這本書的貢獻。你們不變的支持滋養了我：凱特・亞尼森（Kate Arnesen）、芭芭拉・貝爾德（Barbara Baird）、卡蘿・博多安（Carol Beaudoin）、查爾斯・布盧姆醫生（Dr. Charles Blum）、勞芮・蘇・布羅克維（Laurie Sue Brockway）、安・巴克（Ann Buck）、莎拉・貝絲・瑞娜・康納（Sarah Beth Rena Connor）、梅格・克里頓－舒茨（Meg Crighton-Schultz）、莉莉・杜蘭（Lily Dulan）、費莉斯・杜納斯（Felice Dunas）、蘇珊・福克里（Susan Foxley）、貝雷妮絲・格拉斯（Berenice Glass）、坦普爾・格蘭丁博士（Dr. Temple Grandin）、雷吉・喬丹（Reggie Jordan）、帕梅拉・珍・卡普蘭（Pamela Jane Kaplan）、斯科特・奎珀斯（Scott Kuipers）、丹尼絲・雷爾（Danise Lehrer）、凱西・劉易斯（Cathy Lewis）、梅格・麥克勞林（Meg McLaughlin）、理查・梅茨納醫生（Dr. Richard Metzner）、金・莫洛伊（Kim Molloy）、道行・倪（Daoshing Ni）、莉茲・奧爾森（Liz Olson）、迪恩・歐洛芙（Dean Orloff）、瑪克辛・歐洛芙（Maxine Orloff）、史考特・歐洛芙（Scott Orloff）、唐・辛格拉比（Rabbi Don Singer）、梁・譚（Leong

Tan）、喬許・圖伯（Josh Touber）、瑪麗・威廉斯（Mary Williams），以及我忠實的週一晚間寫作小組。

我的患者、工作坊參加者和同理心訓練計畫的參加者，不斷啟發我，教我太多事。我也有幸能指導精神科的住院醫師，協助他們在醫學訓練中融入同理心。我更動了書中提到的身分特徵，以保護隱私。

最後，我要向臉書上「歐洛芙醫師的共感人支持社群」（Dr. Orloff’s Empath Support Community）兩萬兩千多名的成員致意。看到你們擁抱同理心，讓我無比喜悅。你們讓自己的生活和這個世界充滿更多的關懷。

註釋

第1章　什麼是同理心的智慧？⋯成為最好的自己

1 Barbara Quirk, "Women Need to Feel Good about Themselves," Lifestyle, *Capital Times*, July 22, 2003.

第2章　開啟同理心的治癒力量：如何停止過度思考，從心出發

1 Sun Tzu, *The Art of War* (Chungking, China: World Encyclopedia Institute, China Section, 1945).

2 Prentis Hemphill, Prentis Hemphill (website), prentishemphill.com/collectedworks.

3 Robert Eres et al., "Individual Differences in Local Gray Matter Density Are Associated with Differences in Affective and Cognitive Empathy," *NeuroImage* 117 (2015): 305, doi.org/10.1016/j.neuroimage.2015.05.038.

4 Lea Winerman, "The Mind's Mirror," *American Psychological Association Monitor* 36, no. 9 (October 2003): 48, drjudithorloff.com/the-minds-mirror-how-mirrorneurons-explain-empathy/.

5 Yayuan Geng et al., "Oxytocin Enhancement of Emotional Empathy: Generalization Across Cultures

and Effects on Amygdala Activity," *Frontiers in Neuroscience* 12 (2018): 512.

6 Leo Galland, "The Gut Microbiome and the Brain," *Journal of Medicinal Food* 17, no. 12 (December 1, 2014): 1261–72, ncbi.nlm.nih.gov/pmc/articles/PMC4259177/.

7 L. Steenbergen et al., "Recognizing Emotions in Bodies: Vagus Nerve Stimulation Enhances Recognition of Anger While Impairing Sadness," *Cognitive, Affective & Behavioral Neuroscience* 21, no. 6 (December 21, 2021): 1246–61, ncbi.nlm.nih.gov/pmc/articles/PMC8563521/.

8 Suhhee Yoo and Mincheol Whang, "Vagal Tone Differences in Empathy Level Elicited by Different Emotions and a Co-Viewer," *Sensors* 20, no. 11 (June 2020): 3136, doi.org/10.3390/s20113136.

9 Jordan Fallis, "How to Stimulate Your Vagus Nerve for Better Mental Health," sass.uottawa.ca/sites/sass.uottawa.ca/files/how_to_stimulate_your_vagus_nerve_for_better_mental_health_1.pdf.

10 David C. McClelland and Carol Kirshnit, "The Effect of Motivational Arousal Through Films on Salivary Immunoglobulin A," *Psychology & Health* 2, no.1 (December 1988): 31–52, doi.org/10.1080/08870448808400343.

11 Larry Dossey, "The Helper's High," *Explore* 14, no.6 (November 2018): 393–99, doi.org/10.1016/j.explore.2018.10.003.

12 Mark Newmeyer et al., "The Mother Teresa Effect: The Modulation of Spirituality in Using the CISM Model with Mental Health Service Providers," *International Journal of Emergency Mental Health and Human Resilience* 16, no.1 (2014): 251–58, doi.org/10.4172/1522-4821.1000104.

13 D. Keltner, *Born to Be Good: The Science of a Meaningful Life* (New York: Norton, 2009), 53–54.

第3章　培養自我同理心：透過對自己好來修復自己

1 Richard Schwartz, *No Bad Parts: Healing Trauma and Restoring Wellness with the Internal Family Systems Model* (Louisville, CO: Sounds True, 2021).

第4章　移除障礙：治療你的情緒地雷、創傷與恐懼

1 C. D. Cameron et al., "Empathy Is Hard Work: People Choose to Avoid Empathy Because of Its Cognitive Costs," *Journal of Experimental Psychology: General* 48, no.6 (2019): 962–76, doi.org/10.1037/xge0000595.

2 煤氣燈效應是指利用心理手法操縱一個人，使其分不清現實，精神恍惚。這個詞彙源自一九四四年的英文同名電影《煤氣燈下》（*Gaslight*）。

3 Azriel Rechel, "Science Says Silence Is Vital for Our Brains," Uplift Connect, uplift.love/science-says-silence-is-vital-for-our-brains/; Amy Novotney, "Silence, Please," *American Psychological Association Monitor* 24, no. 7 (July/August 2011): 46, apa.org/monitor/2011/07-08/silence.

4 "Noise," World Health Organization (website), who.int/europe/health-topics/noise #tab=tab_1.

5 H. Riess, "The Science of Empathy," *Journal of Patient Experience* 4, no. 2 (2017): 74–77, doi.org/10.1177/2374373517699267; Oliver Sacks, *An Anthropologist on Mars* (New York: Vintage, 1996);

Temple Grandin, *The Autistic Brain: Helping Different Kinds of Minds Succeed* (Boston: Mariner Books, 2014); Isabel Dziobek et al., "Dissociation of Cognitive and Emotional Empathy in Adults with Asperger Syndrome Using the Multifaceted Empathy Test (MET)," *Journal of Autism and Developmental Disorders* 38 (2007): 464–73, doi.org/10.1007/s10803-007-0486-x; Rebecca Armstrong, "Altogether Autism. A Shift in Perspective: Empathy and Autism," Altogether Autism, altogetherautism.org.nz/a-shift-in-perspective-empathy-and-autism/.

第5章　同理心傾聽的藝術：如何留出支持他人的空間

1 Jack Zenger and Joseph Folkman, "What Great Listeners Actually Do," *Harvard Business Review*, July 16, 2016, hbr.org/2016/07/what-great-listeners-actually-do.

2 *The Oprah Winfrey Show* Finale, 05/25/2011, oprah.com/oprahshow/the-oprah-winfrey-show-finale_1/7.

3 Heidi Hemmer, "Impact of Text Messaging on Communication," *Journal of Undergraduate Research* 9, no. 5 (2009), cornerstone.lib.mnsu.edu/jur/vol9/iss1/5; Bob Sullivan and Hugh Thompson, "Now Hear This! Most People Stink at Listening," *Scientific American*, May 3, 2013, scientificamerican.com/article/plateau-effect-digital-gadget-distraction-attention/; Jacqueline B Graham, "Impacts of Text Messaging on Adolescents' Communication Skills School Social Workers' Perceptions," St. Catherine University website, retrieved 2013, sophia.stkate.edu/msw_papers/184.

4 Ernest Hemingway, *Across the River and into the Trees* (New York: Scribner, 1996).

5 Richard Branson, "Virgin Founder Richard Branson: Why You Should Listen More Than You Talk," February 3, 2015, fortune.com/2015/02/03/virgin-founder-richard-branson-why-you-should-listen-more-than-you-talk.

6 Jack Zenger and Joseph Folkman, "What Great Listeners Actually Do," *Harvard Business Review*, July 14, 2016, hbr.org/2016/07/what-great-listeners-actually-do.

7 Karl Menninger with Jeanetta Lyle Menninger, Love Against Hate (New York: Harcourt, Brace and Company, 1942), 275–76; also credited to Brenda Ueland, "Tell Me More," *Ladies Home Journal*, 1941, 51.

8 Thich Nhat Hanh, *Call Me by My True Names: The Collected Poems of Thich Nhat Hanh* (Berkeley: Parallax Press, 2022).

第6章　在親友與同事身上運用同理心（就算你不喜歡他們）

1 Lao Tzu, *Tao Te Ching: Text Only Edition*, trans. Jane English, Gia-Fu Feng, and Toinette Lippe (New York: Vintage, 2012), verse 43.

第7章　健康的給予：關心他人，但不犧牲自己、不過度幫忙、不把自己燃燒殆盡

1 Dalai Lama, *Ethics for the New Millennium* (New York: Riverhead Books, 2001).

2 Dariush D. Farfud et al., "Happiness and Health: The Biological FactorsSystematic Review Article," *Irananian Journal of Public Health* 43, no. 11 (2014): 1468–77, ncbi.nlm.nih.gov/pmc/articles/PMC4449495/.

3 Jerf W. K. Yeung, Zhuoni Zhang, and Te Yeun Kim, "Volunteering and Health Benefits in General Adults: Cumulative Effects and Forms," BMC *Public Health* 18, no.18 (2018), ncbi.nlm.nih.gov/pmc/articles/PMC5504679.

4 Vicki Contie, "Brain Imaging Reveals the Joy of Giving," National Institutes of Health, June 22, 2007, nih.gov/news-events/nih-research-matters/brain-imaging-reveals-joys-giving.

5 Eva Ritvo, "The Neuroscience of Giving: Proof That Helping Others Helps You," *Psychology Today*, April 24, 2014, psychologytoday.com/us/blog/vitality/201404/the-neuroscience-giving.

6 Larry Dossey, "The Helper's High," *Explore* 14, no. 6 (2018): 393–99, doi.org/10.1016/j.explore.2018.10.003.

7 Tristen K. Inagaki et al., "The Neurobiology of Giving Versus Receiving," *Psychosomatic Medicine* 78, no.4 (2016): 443–53, doi.org/10.1097/PSY.0000000000000302.

8 Jason Silva, "New Definition of Billionaire: Someone who positively affects the lives of a billion people!" Facebook video, June 17, 2015, facebook.com/watch/?v=1589016824695930.

9 Al-Anon Family Groups, "Al-Anon's Three Cs—I Didn't Cause It, I Can't Control It, and I Can't Cure It—Removed the Blame... ," al-anon.org/blog/al-anonsthree-cs/.

第8章　自戀、反社會與病態人格：什麼是同理缺失症？

1 Emanuel Jauk et al., "The Nonlinear Association Between Grandiose and Vulnerable Narcissism: An Individual Data Meta-Analysis," *Journal of Personality*, Wiley Online Library, December 3, 2021, onlinelibrary.wiley.com/doi/full/10.1111/jopy.12692.

2 Paramahansa Yogananda, *Autobiography of a Yogi* (West Bengal, India: Yogoda Satsanga Society of India, 2016).

3 Yu L. L. Luo, Huajian Cai, and Hairong Song, "A Behavioral Genetic Study of Intrapersonal and Interpersonal Dimensions of Narcissism," *PLoS One* 9, no. 4 (2014), doi.org/10.1371/journal.pone.0093403.

4 Kent A. Kiehl and Morris B. Hoffman, "The Criminal Psychopath: History, Neuroscience, Treatment, and Economics," *Jurimetrics* 51 (Summer 2011): 355–97, ncbi.nlm.nih.gov/pmc/articles/PMC4059069/.

5 Stephen D. Benning, Christopher J. Patrick, and William G. Iacono, "Psychopathy, Startle Blink Modulation, and Electrodermal Reactivity in Twin Men," *Psychophysiology* 42, no. 6 (2005): 753–62, doi.org/10.1111/j.14698986.2005.00353.x; Katie A. McLaughlin et al., "Low Vagal Tone Magnifies the Association Between Psychosocial Stress Exposure and Internalizing Psychopathology in Adolescents," *Journal of Clinical Child & Adolescent Psychology* 44, no. 2 (2015): 314–28, doi.org/10.1080/15374416.2013.843464.

6 Donald G. Dutton and Susan K. Golant, *The Batterer* (New York: Basic Books, 1995), 28–29; N. Jacobson, "Domestic Violence: What Are the Marriages Like?" American Association for Marriage and Family Therapy, October 1993.

7 Josanne D. M. van Dongen, "The Empathic Brain of Psychopaths: From Social Science to Neuroscience in Empathy," *Frontiers in Psychology* 11 (2020), frontiersin.org/articles/10.3389/fpsyg.2020.00695/full.

8 Darrick Jolliffe and David P. Farrington, "Examining the Relationship Between Low Empathy and Bullying," Wiley Online Library, October 17, 2006, doi.org/10.1002/ab.20154.

第9章　同理心領導：同時用理智與心領導的力量

1 Jessie Borsellino, "#SoftSkillsSpotlight: 3 Lessons Oprah Winfrey Teaches Us about Empathy," SkillsCamp, June 14, 2017, skillscamp.co/3-lessons-oprah-winfrey-teaches-us-about-empathy/.

2 Emily May, "10 of the Best Empathetic Leadership Quotes from Real Leaders," Niagara Institute, May 2020, niagarainstitute.com/blog/empathetic-leadership-quotes.

3 "Theodore Roosevelt Quotes," Theodore Roosevelt Center, theodorerooseveltcenter.org/Learn-About-TR/TR-Quotes?page=112.

4 Maureen Dowd, "Lady of the Rings," Sunday Opinion, *New York Times*, Sept 8, 2018, nytimes.com/2018/09/08/opinion/Sunday/jacinda-ardern-new-zealand-prime-minister.html.

5 Tracy Brower, "Empathy Is the Most Important Leadership Skill According to Research," *Forbes*, Sept 29, 2021, forbes.com/sites/tracybrower/2021/09/19/empathy-is-the-most-important-leadership-skill-according-to-research/?sh=5985f4213dc5.

6 Richard Branson, "Understanding empathy as well as the experiences of people from different walks of life is a key skill for business leaders," LinkedIn, linkedin.com/posts/rbranson_understanding-empathy-as-well-as-the-experiences-activity-6479717793217417216-lYzS/.

7 "Microsoft CEO Satya Nadella: How Empathy Sparks Innovation," Knowledge at Wharton, February 22, 2018, knowledge.wharton.upenn.edu/article/microsofts-ceo-on-how-empathy-sparks-innovation/.

8 Belinda Parmar, "The Most Empathic Companies," The Empathy Index, *Harvard Business Review*, December 20, 2016, hbr.org/2016/12/the-most-and-least-empathetic-companies-2016.

9 Mark Divine, *The Way of the SEAL: Think Like an Elite Warrior to Lead and Succeed* (New York: Trusted Media Brands, 2018).

10 Vanita Noronha, "The Day My Gut Feelings Led Me Astray," *New England Journal of Medicine* 382 (May 14, 2020): 1880–81, nejm.org/doi/full/10.1056/NEJMp1917572.

11 Abraham Lincoln, Second Inaugural Address, March 4, 1865, Library of Congress.

第10章　原諒的療癒恩典：放下憤怒，建立同理心

1 Frederic Luskin, "The Art and Science of Forgiveness," *Stanford Medicine* 16, no. 4 (Summer 1999),

sm.stanford.edu/archive/stanmed/1999summer/forgiveness.html.

第11章　你對我很重要：我們的力量

1 Frank White, "Opening Remarks at Launch of Academy in Space Initiative," Frank White (website), April 14, 2016, frankwhiteauthor.com/article/2016/04/opening-remarks-at-launch-of-aisi.

2 William James, "Confidences of a 'Psychical Researcher,'" *The American Magazine* 68 (1909): 589, en.wikiquote.org/wiki/William_James.

國家圖書館出版品預行編目資料

同理心的創造力：療癒敏感自我、人際關係與世界的實用技巧／茱迪斯・歐洛芙（Judith Orloff）著；許恬寧譯. -- 初版. -- 臺北市：大塊文化出版股份有限公司, 2025.08

面；14.8×20公分. --（Smile；214）

譯自：The genius of empathy : practical skills to heal your sensitive self, your relationships, and the world.

ISBN 978-626-433-037-4（平裝）

1.CST：同理心

176.525　　114008726

L O C U S

LOCUS